Hilf Dir selbst!

Durchblutungsstörungen

Dr. med. Ulf Böhmig · Dr. H. H. von Wimpffen

Durchblutungs-störungen

Wirksame Hilfe durch
Heilpflanzen und
Homöopathie,
spezielle Ernährung,
Wasseranwendungen

Seehamer Verlag

Der Kollegin Dr. Antje-Katrin Kühnemann gewidmet

Erläuterung der im Buch verwendeten Symbole:

✉ = Zuschriften der Zuschauer zur Fernsehserie „Die Sprechstunde“

✂ = Tips und besondere Hinweise

⊠ = Warnhinweise

Genehmigte Lizenzausgabe 1998
für Seehamer Verlag GmbH, Weyarn

Gestaltung: Impressum GmbH, Dachau
Illustrationen: Gerti Gnan
Umschlaggestaltung: Bine Cordes, Weyarn
Umschlagabbildung: Bildagentur Mauritius, Mittenwald
Printed in Austria
ISBN 3-932131-74-6

Inhaltsverzeichnis

Alterprobte Volksheilmittel ...

Gemessen an der Zahl der Bücher, die jedes Jahr zum Thema Gesundheit erscheinen, müßten wir eine Bevölkerung haben, die vor Gesundheit geradezu strotzt; das dem nicht so ist, wissen wir.

Die Frage ist also erlaubt, wozu die vielen Bücher, wenn man sich offensichtlich nicht an die guten Ratschläge hält, die in den Millionen von Gesundheitsbüchern erteilt werden. Dem Boom der Gesundheitsbücher steht die steigende Zahl der Krankheiten, insbesondere der Zivilisationskrankheiten, gegenüber. Wie ist das zu erklären? Werden die Bücher etwa zur Beruhigung des eigenen Gewissens gekauft, dann aber nicht gelesen? Oder werden sie gelesen, ohne daß das erworbene Wissen verwertet würde? Wie ein Arzt, der zwar über die gesundheitlichen Gefahren der Zigarette Bescheid weiß und trotzdem das Rauchen nicht lassen kann. Oder wird das erworbene Wissen ignoriert, verdrängt, weil man letztendlich von den unangenehmen Konsequenzen nichts wissen will?

Das vorliegende Buch will den Informationsstand des Lesers in Zusammenhang mit den Durchblutungsstörungen, einem der häufigsten Krankheitsbilder unserer Tage, erweitern bzw. ergänzen.

Kribbeln, Taubheitsgefühl, unterschiedliches Schmerzempfinden, Sensibilitätsstörungen, kalte Finger und Zehen, Gefäßkrämpfe in den Beinen und Schwellungen sind Symptome, die auf Durchblutungsstörungen der einzelnen Körperteile hinweisen. Manche Menschen leben jahrelang mit diesen Symptomen, ohne einen Arzt zu konsultieren, andere haben zwar einen Arzt aufgesucht, konnten aber keine wirksame Hilfe erfahren. Und wer wird schon wegen eines eingeschlafenen Arms oder wegen eines leichten nächtlichen Kribbelns die ganze Bandbreite der modernen medizinischen Diagnostik von der Tomographie bis hin zum Arteriogramm mit all seinen Risiken in Anspruch nehmen, von den Kosten einmal ganz zu schweigen.

Man lebt jahrelang mit diesen Beschwerden, erklärt sie mit möglichen Bandscheibenschäden, mit Verschleißerscheinungen, mit schlechten Sitzgelegenheiten und -gewohnheiten, mit berufsbedingten Umständen, mit Bewegungsarmut, mit falscher Ernährung, Übergewicht – kurz, man findet sich mit ihnen notgedrungen ab. Doch eines Tages kommt mit Bestimmtheit das böse Erwachen: die unwiederbringliche Schädigung der Zellen oder gar der Gewebstod des betroffenen Gebiets, Herzinfarkt, Schlaganfall, Arterienverschluß, Unterschenkelgeschwür, Thrombose, Amputation. Dem vorzubeugen ist vielfach nur durch frühzeitige Selbsthilfe möglich. Je schneller man beim Krankheitsbild „Durchblutungsstörungen“ zu dieser

Erkenntnis gelangt, um so größer sind die Chancen, ein schlimmes Ende zu vermeiden oder es zumindest hinauszuschieben.

Denn die Erkenntnis, „ich muß selbst etwas unternehmen, ich muß mir selber helfen“, ist auch die Stunde der Eigenverantwortung. Statt des passiven Anspruchsdenkens („Was zahlt die Krankenkasse?“) beginnt die Phase der aktiven Selbstbehandlung. Man setzt sich mit seinem Leiden auseinander, man besorgt sich Informationen, bespricht sich mit Leidensgenossen, man erprobt von anderen Menschen erfolgreich angewandte Therapien, beobachtet die Körperreaktionen und stellt Vergleiche an und, was vielleicht am wichtigsten ist, man stellt sich hinsichtlich seiner gesamten Lebensführung in Frage.

Ein durch die Massenmedien informierter Patient ist generell vorsorgebewußter und, was wiederum natürlich ist, auch kritischer gegenüber den hemmungslosen Lobpreisungen von Medikamenten; nicht zuletzt wird er sich einer mächtigen Heilmittel-Werbeindustrie nicht ausgeliefert vorkommen, was angesichts der Tatsache, daß gut über 50% aller verkauften Medikamente in der Bundesrepublik Deutschland rezeptfreie Arzneimittel sind, also ohne ärztliche Kontrolle erworben und eingenommen werden können, von großer Bedeutung ist. Diesen Menschen ist das vorliegende Buch zugedacht; sein Konzept geht auf eine Sendung des deutschen Fernsehens zurück, in deren Mittelpunkt die Naturheilkunde und Erfahrungsmedizin standen.

Im Rahmen dieser Sendung wurden die Zuschauer aufgefordert, Rezepte früherer Zeiten, alte Notizbücher sowie eigene Erfahrungsberichte unter dem Motto „Das hat mir geholfen“ an das Fernsehen zu senden. Das Echo war überaus positiv. Es ist aufschlußreich, die vielen Briefe mit den unzähligen Vorschlägen, Rezepturen und Verhaltensratschlägen zu lesen, geben doch solche Zuschauerbriefe letztlich das Gesundheitsbewußtsein breiter Bevölkerungskreise wieder. Auffallend ist, wie tief verwurzelt die Gedanken des Pfarrers Sebastian Kneipp im Volk sind. Insbesondere, wenn es um die Langzeitbehandlung geht, glauben viele Menschen an die heilende Kraft des kalten Wassers, des Wechselgusses, an die Naturheilmittel ganz allgemein; damit einhergehend ist ein wachsendes Mißtrauen der „Chemotherapie“ gegenüber festzustellen.

Viele dieser Rezepte und Vorschläge aus der Fernsehgemeinde hat der Arzt Dr. Ulf Böhmig kommentiert und ergänzt; Dr. Böhmig ist Schulmediziner, gilt aber als einer der hervorragendsten Kenner der gesamten Naturheilkunde im deutschsprachigen Raum. Seine Bücher über Naturheilkunde sind in Hunderttausenden Exemplaren in viele Sprachen übersetzt worden. Alle eingesandten Vorschläge wurden mit dem Namen der Einsender abgedruckt; es handelt sich also um authentische Zuschriften von

Menschen, die sich mit Durchblutungsstörungen auseinandersetzen mußten; sie enden sehr häufig mit dem Satz: „Ich würde mich freuen, wenn ich mit meinem Rat anderen Menschen helfen könnte.“

Dr. phil. Hans Hermann von Wimpffen
Leiter der Redaktion Medizin des
Bayerischen Rundfunks (ARD)

Zu diesem Buch

Dieses Buch entstand in Zusammenarbeit mit der Redaktion „Medizin – Die Sprechstunde“ der ARD und ihrer großen Fernsehgemeinde. Wieder sind viele Zuschauer dem Aufruf des Bayerischen Fernsehens gefolgt und haben ihre persönlichen Erfolgsrezepte zur Behandlung verschiedener Formen von Durchblutungsstörungen eingesandt.

Meist werden Wasseranwendungen und äußerliche Mittel vorgeschlagen, was nicht verwundert: Sie sind ja wirklich eine probate Form direkter Therapie von Durchblutungsstörungen vor allem an Armen und Beinen. Doch auch die innerlichen Anwendungen und die Bewegungstherapie sind in den Vorschlägen nicht zu kurz gekommen.

Das Buch selbst ist in seinem ganzen Aufbau und im Aufbau der einzelnen Kapitel systematisch gegliedert und berücksichtigt sowohl die Behandlung als auch die Vorsorge von Durchblutungsstörungen. Der erste, große Teil beschäftigt sich mit der Ernährung. Die notwendigen vorbeugenden Maßnahmen werden anhand der verbreitetsten Ernährungsfehler erklärt. Es sind oft nur geringe – allerdings ausschlaggebende – Korrekturen nötig, um spätere Gefäßschäden zu vermeiden. Zum besseren Verständnis werden die Wege und Zusatzbedingungen aufgezeigt, die in Verbindung mit bestimmten gewohnheitsmäßigen Ernährungsfehlern zu Durchblutungsstörungen führen. Dieser Teil des Buches enthält auch Hinweise darauf, wie man einem solchen Schicksal entgehen kann: vorbeugende Diät-Tage, vorbeugende Kuren und die kleinen Änderungen im allgemeinen Verhalten, auf die es ankommt. Bei bestehenden Durchblutungsstörungen wird die Ernährung zur Ernährungstherapie. Wie man auch in relativ fortgeschrittenen Stadien mit Hilfe einer Diät noch beachtliche Erfolge erzielen kann, wird in eigenen Kapiteln ausführlich beschrieben.

Der zweite Teil des Buches hat die Bewegung und die Bewegungstherapie zum Thema. Es ist wenig bekannt, daß man auch hier vieles falsch machen kann. Deshalb werden zunächst einige wichtige Fakten erklärt, die man kennen sollte, wenn man mit Erfolg Bewegungstherapie betreiben will. Sie erleichtern die Bestimmung des richtigen Maßes an heilsamer Bewegung und damit die Praxis der Bewegungstherapie. Wenn man hier die Maßnahmen zielvoll und gekonnt setzt, kann man sehr viel erreichen.

Heilpflanzen zur innerlichen Anwendung gegen die verschiedenen Formen von Durchblutungsstörungen eröffnen den dritten Teil des Buches. Es gibt eine ganze Reihe von Heilpflanzen mit breitem Wirkungsspektrum, aber auch einige „Spezialisten“ gegen bestimmte Gefäßschäden. Den Geriatrika, den Mitteln zur Vorbeugung und Linderung von altersbedingten Beschwerden, ist hier ein eigener Abschnitt gewidmet. Homöopathische Mittel sind ebenfalls in einem eigenen Kapitel zusammengefaßt. Nach erklärenden Vorbemerkungen werden die meistgebrauchten Spezialitäten vorgestellt. Schließlich werden verschiedene Salben und Einreibungen beschrieben, wobei der Möglichkeit, sie selbst zuzubereiten, besonderes Augenmerk geschenkt wird.

Den Abschluß des Buches bilden die Kneipp-Anwendungen. Ihr großer vorbeugender Wert wird eingehend anhand der wirksamsten Techniken aufgezeigt. Daß Kneipp-Anwendungen bei bestehenden Krankheiten oft gänzlich anderen Regeln folgen als die, die derselben Krankheit vorbeugen, läßt sich gerade bei den Durchblutungsstörungen eindrucksvoll demonstrieren.

Dieses Buch will Hilfe zur Selbsthilfe sein, Anleitungen geben, auch Hinweise darauf, wo die Grenzen der Selbsthilfe liegen. Daß das gelungen sei,

wünscht Ihr

Ulf Böhmig

Ernährung und Durchblutung

✉ Auch eine andere Einstellung zur Ernährung gehört dazu.

(Amalie Raab, Ummenhofen)

Sowohl bei der Vorbeugung als auch bei der Behandlung von Durchblutungsstörungen spielt die Ernährung eine große Rolle. Man kann sich viel an späterem Leid ersparen, wenn man sich rechtzeitig besinnt und die gröbsten Ernährungsfehler vermeidet. Mit gezielter Ernährungstherapie läßt sich aber auch dann viel erreichen, wenn der Schaden bereits eingetreten und noch nicht allzusehr fortgeschritten ist; eine gut gewählte Diät wird die notwendigen anderen Behandlungen sinnvoll unterstützen können.

Für die Vorbeugung gelten die allgemeinen Regeln einer vernünftigen Ernährung. Sie sind besonders für den Leser wichtig, in dessen Familie Gefäß-, Kreislauf- und Durchblutungsstörungen gehäuft auftreten; denn mit vorsorglichen Maßnahmen ist gerade auf diesem Gebiet viel zu erreichen.

Für die Behandlung von bereits Erkrankten gibt es, je nach Art des Schadens, genauere Richtlinien. Und nicht jede der Gefäß- und Kreislauferkrankungen läßt sich gleich gut durch Ernährungsumstellung allein beeinflussen, sobald sie einmal besteht. Deshalb ist es auch hier besser, vorzubeugen, als später heilen zu müssen.

Vorbeugende Ernährung für Blutkreislauf und Gefäße

Sie entspricht einer normalen gesunderhaltenden Ernährung, bei der man einige Punkte, die für unsere Blutgefäße, den Kreislauf und die Durchblutung von Wichtigkeit sind, besonders beachtet.

Da diese „normale, gesunderhaltende" Ernährung eben nicht der entspricht, die in unseren Landen allgemein üblich ist, müssen wir etwas näher darauf eingehen und zuerst die derzeit häufigsten **Fehler** aufzeigen:

- Es wird im Verhältnis zur körperlichen Tätigkeit zuviel gegessen.
- Der Fettanteil in der täglichen Nahrung ist zu hoch.
- Es wird zuviel gesalzen.
- Es wird zuviel Alkohol getrunken.
- Es werden zuwenig Ballaststoffe zugeführt.
- Es wird zuwenig von Gewürzen Gebrauch gemacht.

Diese Fehler im einzelnen:

Es wird im Verhältnis zur körperlichen Tätigkeit zuviel gegessen

Das führt zu Übergewicht und Fettsucht. Besonders zwischen 1970 und 1980 hat der Anteil an Übergewichtigen in Österreich, Deutschland und in der Schweiz stark zugenommen und sich fast verdoppelt.

Als **Normalgewicht** gilt allgemein: Körperlänge in Zentimeter weniger 100 in Kilogramm. Für einen Erwachsenen von 180 cm Größe also 80 kg. Wer um mehr als 15 Prozent darüber wiegt, gilt als übergewichtig – nach einer großen Erhebung im Jahre 1976 waren das 53 Prozent aller Frauen und 47 Prozent aller Männer in Deutschland, also praktisch jeder zweite.

Natürlich ist die Rechnung „Körperlänge in Zentimeter weniger 100 ist gleich Normalgewicht in Kilogramm" nicht für jedermann verbindlich; deshalb unterscheidet man auch zwischen **„Fettleibigkeit"** und **„Übergewicht"**. Diese bestimmt man durch die Messung der Hautfaltendicke. Das Ergebnis war fast dasselbe – 52 Prozent der Frauen und über 40 Prozent der Männer mußten als fettsüchtig eingestuft werden. Aber nicht nur in der Bundesrepublik Deutschland, denn ähnliche Ergebnisse haben Reihenuntersuchungen in allen westlichen Industrienationen ergeben.

Man kennt den schädlichen Einfluß von Übergewicht und Fettsucht auf unser Kreislaufsystem heute recht gut:

- Direkte Belastung des Blutkreislaufes durch die notwendige Mehrversorgung der erhöhten Körpermasse.
- Einengung der Atmung, dadurch Behinderung des Venenblutrückstromes.
- Förderung des Auftretens von Bluthochdruck, Fettstoffwechselstörungen und anderen Krankheiten, die durch Gefäßschädigung zu Mangeldurchblutung führen.

Die sanfte, gezielte Beseitigung bestehenden Übergewichtes ist somit eine wichtige vorbeugende Maßnahme zur Verhinderung späterer Durchblutungsstörungen und Gefäßschäden. Der Ernährungsfehler „Zuviel im Verhältnis zur körperlichen Tätigkeit" spielt bei uns eine besondere Rolle, weshalb man ihn entsprechend ernst nehmen muß.

Der Fettanteil in der täglichen Nahrung ist zu hoch

Dies gilt insgesamt, aber auch für die einzelnen Mahlzeiten. Pflanzliche und tierische Fette zusammen sollten nicht mehr als 30 Prozent der Nahrungsenergie ausmachen. Das entspricht knappen 100 Gramm Fette (Öle) für einen Büroangestellten, der regelmäßig Ausgleichssport betreibt, entsprechend mehr für einen Schwerarbeiter oder Leistungssportler. Bei Mehrleistung kann der Fettanteil niedriger liegen, da man eher relativ größere Mengen an Kohlenhydraten oder Eiweiß benötigt.

Der tatsächliche Fettverzehr beträgt bei uns im Durchschnitt 140 Gramm am Tag, und das ist sowohl in der Menge als auch im Verhältnis zu viel: Gleichzeitig damit werden auch zuwenig Kohlenhydrate aus fettarmen Pflanzen gegessen.

Diese zu hohe Tagesfettration wird gewöhnlich auch noch falsch verteilt –

zu sehr auf ein bis zwei Hauptmahlzeiten konzentriert. Unsere Verdauung wird überfordert, die Gallensäuren werden zu massiv gelockt. Das führt (nicht nur) zu Gefäßschäden und damit zu Durchblutungsstörungen.

Es gibt bestimmte Fette, von denen im Verhältnis sogar zuwenig gegessen wird. Das sind die Öle aus Kernen, Keimen, Samen und Nüssen. Ein Drittel des täglichen Fettverzehrs sollte man aus ihnen decken, also etwa 30 Gramm (2 Eßlöffel). Hochwertige Öle dieser Art, unerhitzt genossen, können Gefäßschäden sogar vorbeugen! Natürlich sollte man, wenn man diese Öle einsetzt, bei den anderen Fetten (tierische Fette, gehärtete Pflanzenfette) entsprechend einsparen.

Der Einfluß von überzogenem und in der Auswahl falschem Fettverzehr auf unseren Kreislauf:

- Es kommt zur Verschlechterung der Fließgeschwindigkeit des Blutes. Das Blut wird zu zäh, um durch die wichtigen kleinsten Blutgefäße strömen zu können.
- Es bilden sich leichter Gerinnsel, da

Empfehlung und tatsächliches Ernährungsverhalten

Nährstoff	Anteil der Nährstoffe an der Gesamtenergie	
	Empfehlung	Tatsächliches Verhalten
Eiweiß (4 Kal/g)	12–15%	12%
Fette (9 Kal/g)	25–30%	38–39%
Kohlenhydrate (4 Kal/g)	55–60%	41%
Alkohol (7 Kal/g)	–	6–10%

Die von der Deutschen Gesellschaft für Ernährung im Jahre 1985 erstellte Empfehlung gilt für Erwachsene mit leichter körperlicher Tätigkeit. Das sind der Büroangestellte, der etwas Ausgleichssport betreibt, die nicht überlastete Hausfrau oder Menschen mit vergleichbarer Tätigkeit. Bei einem Normalgewicht von 70 Kilogramm gelten 2 200 Kalorien (= 9 200 Joules) für angemessen, um Kraft und Gesundheit zu erhalten.

Viele Menschen essen insgesamt zu viel und halten ihr Gewicht auf einem zu hohen Niveau – was den Kreislauf belastet. Aber auch die Zusammensetzung der täglichen Nahrung entspricht meist nicht den Empfehlungen. Der Hauptfehler liegt in einem zu hohen Fettanteil bei gleichzeitiger Vernachlässigung der fettarmen pflanzlichen Nahrungsmittel: Das sind die Gemüse- und Obstsorten. Bei nicht wenigen Menschen ist auch der Energieanteil aus alkoholischen Getränken zu hoch.

Die Umstellung von der fehlerhaften Gewohnheitskost auf eine gesunde Normalkost ist einfach: Etwas weniger insgesamt, etwas weniger tierische Nahrungsmittel, mehr Gemüse und Obst sowie mehr Beilagen, bei denen man die hochwertigen Korn-, Keim-, Samen- und Nußöle unerhitzt einsetzen kann.

Empfehlung für Leistungssportler und Schwerarbeiter

Nährstoff	Normal	Kraft	Schnellkraft	Kraft/Ausdauer	Ausdauer
Eiweiß in g/kg	1	2–4	2	2	2
Kohlenhydrate in g/kg	5	6	8	9	10
Energie in Kal	2200	6000	4500	5000	5000
Davon Energieanteil Fette	30%	30%	30%	25%	25%
entspricht Fetten in g	80	220	165	140	140

Sowohl Nährstoffzufuhr als auch Nährstoffverteilung sind von der Art der Tätigkeit abhängig. Deshalb sollte man die Frage nach der richtigen Ernährung nie ohne Berücksichtigung der Arbeitsleistung stellen. Es bedeuten hier:
Normal: Bürotätigkeit + leichter Ausgleichssport; leichte Hausarbeit (Leistungszuschlag von 30% gegenüber dem Grundumsatz).
Kraft: Schwerstarbeit, z. B. Gewichtheben.
Schnellkraft: Schwer- bis Schwerstarbeit, z. B. Turnen, Kurzstrecken, Sprungdisziplinen.
Kraft/Ausdauer: Schwer- bis Schwerstarbeit, z. B. Ringen, Boxen, Rudern, Skilauf.
Ausdauer: Schwer- bis Schwerstarbeit, z. B. Langstrecken, Radsport, Spielsportarten.

Im Durchschnitt verbraucht der Schwer-, Schwerstarbeiter oder Leistungssportler etwa doppelt soviel Eiweiß wie der Bürotätige, und bis zu doppelt soviel Kohlenhydrate – hier spielt die Art der Tätigkeit eine maßgebende Rolle: Ausdauerarbeit erfordert mehr Kohlenhydrate als Krafttätigkeit. Auch die richtige Fettzufuhr ist unterschiedlich. Hier ist es umgekehrt: Krafttätigkeit erfordert relativ mehr als Ausdauerarbeit.
Die Tabelle gibt Durchschnittswerte an. Die tatsächlich zu leistende Energie kann beträchtlich nach oben oder unten abweichen, vor allem in Abhängigkeit vom Körpergewicht und von der Leistungsintensität.

bei zu hohem und falschem Fettverzehr die roten Blutkörperchen und die Blutplättchen zur Verklebung neigen.

Umgekehrt wirkt der richtige Einsatz von Fetten – das richtige, nicht überzogene Maß insgesamt, und davon ein Drittel hochwertige, unerhitzte Kern-, Samen-, Keim- oder Nußöle – sogar heilsam und beugt Gefäßschäden vor. Das Blut bleibt dünnflüssig, und die wichtigen kleinsten Gefäße erweitern sich; Zellen und Gewebe werden klaglos versorgt. Das ist den Fetten in unserer Ernährung eigen: Man kann sie „sehr falsch", aber auch „sehr richtig" verwenden. Deshalb ist hier nicht nur die Frage nach der Grenze zum Zuviel, sondern auch die nach dem gesunderhaltenden Verhältnis der Fette zueinander von großer Bedeutung. Ein sehr interessantes Thema, das im Kapitel „Ernährungstherapie bei erhöhten Blutfetten und/oder erhöhtem Cholesterin“ eingehend besprochen werden wird.

Es wird zuviel gesalzen

Tafelsalz enthält zu 40 Prozent Natrium, Meeresvollsalz kaum weniger. Auf dieses Natrium kommt es an: Im Überschuß zugeführt, kann es Störungen hervorrufen. Unser Bedarf liegt unter Normalbedingungen bei 1 Gramm (entsprechend 2–3 Gramm Tafel- oder Meeresvollsalz), durch die zusätzlichen Verluste im Rahmen einer Bürotätigkeit mit etwas Ausgleichssport kommt man auf das Doppelte: 2 Gramm Natrium, entsprechend 5 Gramm Salz.

Der tatsächliche Durchschnittsverbrauch ist um zumindest die Hälfte zu hoch. Es werden, besonders im Rahmen der Hausmannskost, bis zu 20 Gramm Salz täglich verzehrt, bei der in Mitteleuropa üblichen Gaststättenkost sind es 13–15 Gramm. Solche Mengen braucht höchstens ein Schwerarbeiter mit erhöhtem Natriumverlust durch Schwitzen. Für einen unter heute üblichen Bedingungen lebenden Erwachsenen werden als obere Tagesgrenze 10 Gramm Kochsalz (entsprechend 4 Gramm Natrium) angegeben. Bei ständig überhöhter Zufuhr wächst die Gefahr, an Bluthochdruck zu erkranken.

In allen natürlichen Nahrungsmitteln kommt Natrium nur in geringen Mengen vor, hingegen weder in Fleisch oder Fisch noch in Pflanzen. Viele Fertigprodukte aber sind zusätzlich gesalzen: Würste, Käse, Brot, Konservenware, manche Säfte usw. Das muß man einrechnen. – Im Kapitel über Bluthochdruck (siehe Seite 49) sind die Salzmengen in verschiedenen Fertigprodukten angegeben.

Auch im Zusammenhang mit dem Natrium spielt die Tatsache, daß zuwenig Gemüse und Obst gegessen wird, eine Rolle: Es wird dem Körper zuwenig Kalium zugeführt; das ist jener mineralische Nährstoff, der die blutdrucksteigernde Wirkung des Natriums abschwächen kann.

Der Einfluß eines zu hohen Salz- bzw. Natriumgehaltes in der täglichen Nahrung auf unser Kreislaufsystem:

◆ Durch Speichern von Wasser und die damit verbundene Erhöhung der Blutmenge wird das Herz vermehrt belastet.

◆ An den Gefäßwänden abgelagertes Natrium erhöht die Neigung der kleinen Blutgefäße, sich auf bestimmte Reize hin – zum Beispiel unter Streß – zu verengen. Das kann zu plötzlichem Blutdruckanstieg führen.

◆ Ebenso wie eine überzogene Fettzufuhr verschlechtert überzogenes Salzen die Fließeigenschaften des Blutes. Deshalb ist die Kombination von zuviel Fett + zuviel Salz (+ zuwenig körperliche Tätigkeit) besonders belastend. Das „zu dicke" Blut bewirkt vielfache Symptome: von der Vergeßlichkeit über die körperliche Leistungsschwäche bis zu einer eingeschränkten Ausheilbereitschaft.

Es wird zuviel Alkohol getrunken

Nicht von jedem – dieser Ernährungsfehler ist unter den Menschen nicht so breit gestreut wie die anderen; die Erhebungen zeigen aber, daß im Durchschnitt acht Prozent der täglichen Energiezufuhr reiner Alkohol sind, aus welchem alkoholischen Getränk auch immer.

Dieses Maß wäre für einen sonst gesunden Erwachsenen ernährungsphysiologisch gerade noch vertretbar; es entspricht etwa 220 Kalorien, das sind 30 Gramm reiner Alkohol. Da es sich um Durchschnittswerte handelt (Bundesrepublik Deutschland) und die abstinent lebenden Erwachsenen mit eingerechnet sind, wird es nicht wenige geben, die auf bedeutend höhere Mengen kommen. In welcher Menge verschiedener alkoholischer Getränke 30 Gramm Alkohol enthalten sind, zeigt die Tabelle auf der gegenüberliegenden Seite.

Wichtig ist außerdem die **Trinkgeschwindigkeit**. Bei einem gesunden Erwachsenen kann man mit dem Abbau von 1 Gramm reinem Alkohol pro 10 Kilogramm Körpergewicht pro Stunde rechnen. Das sind 7 Gramm in der Stunde für einen 70 Kilogramm schweren Menschen. Was dieses Maß in der Praxis bedeutet, zeigt die Tabelle auf Seite 22.

Die Wirkung von überzogenem Alkoholgenuß auf den Kreislauf:

- Lähmung der Gefäßmuskulatur, Verlagerung der Durchblutung vom Zentrum (Gehirn, innere Organe) nach außen.
- Hemmung des Abbaus von Fett im Blut. Deshalb ist das Zusammentreffen fettreicher Mahlzeiten mit überzogenem Alkoholgenuß besonders nachteilig.

Beim Alkohol kommt es auf die Dosis an. Kleine Dosen können Verdauung und Stoffwechsel erleichtern, das Herz und den Kreislauf kräftigen. Zu große Dosen schaden immer. Zu berücksichtigen ist auch, daß man bei Bestehen bestimmter Erkrankungen (Leber, Bauchspeicheldrüse, Gehirn, Gicht u. a.) Alkohol gänzlich meiden sollte.

Es werden zuwenig Ballaststoffe zugeführt

Nach einer Empfehlung der Weltgesundheitsorganisation sind 40–50 Gramm Ballaststoffe in der täglichen Nahrung gerade richtig. Und die Deutsche Gesellschaft für Ernährung bezeichnet 30 Gramm als Mindestmaß. Nicht einmal diese 30 Gramm aber sind in der bei uns und in den westlichen Industrienationen allgemein üblichen Gewohnheitskost enthalten! Für die Stadtbevölkerung hat man Durchschnittswerte von 10–20 Gramm, für die Landbevölkerung von 20–30 Gramm tägliche Ballaststoffzufuhr ermittelt.

Vertretbare Tagesgrenzmengen an alkoholischen Getränken

30 Gramm reiner Alkohol (Äthylalkohol) sind enthalten in:

Alkoholisches Getränk	Gewichtsprozent	Volumprozent	Tagesmenge in ml
Landmost	3,0	3,8	1000
Dünnbier	1,6	1,9	1870
Leichtbier	2,6	3,3	1150
Lager, Pils, Weizen	3,5	4,4	850
Märzen, Export, Alt	4,0	5,1	750
Diätpils	4,5	5,7	660
Bock	5,5	6,9	550
Doppelbock, Porter	6,0	7,5	500
Leichte Weine	– 7,5	– 9,4	Ø 430
Mittlere Weine	– 9,0	– 11,2	Ø 370
Schwere Weine	– 12,0	– 14,9	Ø 300
Südweine, gespritet (Sherry, Portwein, Madeira)	– 16,0	– 19,8	Ø 210
Liköre	25,0	31,0	100
Cognac, Whisky, Wodka, Gin, Obstler	– 40,0	– 47,4	Ø 85
Stroh-Rum (80 Vol.-%)	73,5	80,0	40

Die Tabelle zeigt die vom ernährungsphysiologischen Standpunkt vertretbaren täglichen Alkoholmengen für einen gesunden Erwachsenen. 1000 Milliliter (ml) entsprechen einem Liter. Die Berechnung erfolgt nach Gewichtsprozenten; die auf den Etiketten meist angegebenen Volumprozente weisen höhere Werte aus. Sie sind, um dem Leser den besseren Überblick zu geben, in einer eigenen Spalte angeführt.

Diese ernährungsphysiologisch vertretbaren Tagesmengen Alkohol sind mit der sogenannten „Unbedenklichkeitsgrenze" für den gesunden Erwachsenen, zumindest bei Männern, nicht identisch. Als „Unbedenklichkeitsgrenze" gilt bei Männern die Zufuhr von 60 Gramm reinen Alkohols täglich – also gerade das Doppelte der in der Tabelle angegebenen Menge –, bei Frauen aber 30 Gramm. Der Unterschied erklärt sich aus dem ungleichen Verteilungsvolumen, d. h. aus dem Raum, in dem sich der Alkohol im Körper verteilen und verdünnen kann; er ist bei Frauen kleiner als bei gleichschweren Männern. Und natürlich auch aus der Tatsache, daß normalgewichtige Frauen (bei Durchschnittsgröße) um etwa 10 Kilogramm leichter sind als normalgewichtige Männer.

Diese Unbedenklichkeitsgrenze gilt als jene Alkoholmenge, die einem gesunden Erwachsenen noch keinen Schaden zufügt, auch nicht bei regelmäßigem Genuß. Größere Dosen sind bedenklich, ab 160 Gramm Alkohol täglich – also der etwa fünffachen in der Tabelle angegebenen Menge – führen bei regelmäßigem Genuß mit großer Wahrscheinlichkeit früher oder später zum Schaden (Leber, Bauchspeicheldrüse, Nervensystem, Herz-Kreislauf-System).

Die richtige Trinkgeschwindigkeit = 7 Gramm Alkohol/Stunde

7 Gramm reiner Alkohol (Äthylalkohol) sind enthalten in:

Alkoholisches Getränk	Gewichtsprozent	Volumprozent	Stundenmenge in ml
Landmost	3,0	3,8	240
Dünnbier	1,6	1,9	440
Leichtbier	2,6	3,3	270
Lager, Pils, Weizen	3,5	4,4	200
Märzen, Export, Alt	4,0	5,1	180
Diätpils	4,5	5,7	160
Bock	5,5	6,9	130
Doppelbock, Porter	6,0	7,5	120
Leichte Weine	– 7,5	– 9,4	Ø 100
Mittlere Weine	– 9,0	– 11,2	Ø 85
Schwere Weine	– 12,0	– 14,9	Ø 70
Südweine, gespritet (Sherry, Portwein, Madeira)	– 16,0	– 19,8	Ø 50
Liköre	25,0	31,0	23
Cognac, Whisky, Wodka, Gin, Obstler	– 40,0	– 47,4	Ø 20
Stroh-Rum (80 Vol.-%)	73,5	80,0	10

Die Tabelle gibt die richtige Trinkgeschwindigkeit für einen gesunden Erwachsenen an. Sie entspricht der Geschwindigkeit, mit der unser Körper den getrunkenen Alkohol abbauen und somit beseitigen kann. Der Wert ist gut bekannt: Pro 10 Kilogramm Körpergewicht baut ein gesunder Mann ein Gramm reinen Alkohols in der Stunde ab – Frauen etwas weniger, nämlich 0,85 Gramm Alkohol pro 10 Kilogramm ihres Körpergewichtes –, doch kann man die hier in Milliliter angegebenen Stundenmengen eines alkoholischen Getränkes als allgemein richtiges Maß ansehen. Für einen leichten Wein zum Beispiel sind es im Durchschnitt 100 Milliliter = ein Deziliter oder ein knappes „Achterl".

Das mag manchen als wenig erscheinen. Diese Werte entsprechen jedoch der richtigen Trinkgeschwindigkeit, wenn man seinen Körper, und damit auch seinen Kreislauf, nicht belasten will. Der Blutalkoholspiegel steigt dabei auf 0,15 Promille an – ein Wert, der beim gesunden Erwachsenen noch keine auffällige Beeinträchtigung der Leistung bewirkt (außer in Extremsituationen, bei denen Sekundenbruchteile eine Rolle spielen, wie im Straßenverkehr). Eine Stunde nach dem Deziliter eines leichten Weines hat ein gesunder Erwachsener unter Normalbedingungen wieder null Promille. Dann könnte er den zweiten Deziliter trinken. Setzt er dies aber in jeder folgenden Stunde fort, kommt er mit der ernährungsphysiologisch vertretbaren Tagesmenge in Konflikt. Vorsicht bei der gleichzeitigen Einnahme von Medikamenten! Sie können Abbau und Verträglichkeit von Alkohol nachteilig verändern. In einem solchen Fall gelten die Werte der Tabelle nicht!

Ballaststoffe kommen nur in pflanzlichen Nahrungsmitteln vor. Man kann es deshalb auch so ausdrücken: Es werden zuwenig ballaststoffhaltige pflanzliche Nahrungsmittel gegessen. Die Rechnung ist einfach:

45 Gramm Ballaststoffe sind enthalten in

Gramm	Nahrungsmittel	Kalorien
450	Vollgetreide	1500
600	Vollkornbrot	1500
1100	Mischbrot	2900
500	Beeren	300
1200	Gemüse, Obst, Südfrüchte	599

Aus diesen pflanzlichen Nahrungsmitteln deckt man seinen täglichen Ballaststoffbedarf. Wer sich kalorienmäßig beschränken muß, kann die Ballaststoffe mehrheitlich aus Gemüse, Obst, Früchten und insbesondere aus Beeren (Himbeeren, Brombeeren, Heidelbeeren, Johannisbeeren, Stachelbeeren) beziehen. Diese haben die höchste *Ballaststoffdichte*, d. h. am meisten Ballaststoffe pro Kalorie, werden aber sehr vernachlässigt.

Oft werden die Ballaststoffe aus den Pflanzen entfernt: Das ist beim Weißmehl bzw. Weißbrot oder beim geschälten Reis der Fall. Von Weißbrot müßte man 4 kg essen, um die 45 Gramm Ballaststoffe in den Körper zu bringen! Das würde 10000 Kalorien ausmachen. Aus Gemüse und Früchten entfernt man die Ballaststoffe, indem man sie auspreßt und Säfte herstellt. Nun haben Weißbrot, geschälter Reis und Säfte in einer gesunden Ernährung zwar durchaus ihren Platz. Im Kurgebrauch setzt man sie ja sogar therapeutisch ein, auch bei Gefäßstörungen. Im Rahmen der täglichen Ernährung aber sollte man ihren Anteil an den pflanzlichen Produkten so bemessen, daß für die wirklichen Ballaststoffträger genügend Raum bleibt. Bei Säften geht das relativ leicht, da ihr Kaloriengehalt nicht allzu hoch ist. Bei Weißbrot und geschältem Reis sollte man sich zugunsten von Halbvoll- oder Vollkornprodukten beschränken.

Durch Hitze, Kälte oder Methoden der Konservierung lassen sich die Ballaststoffe aber nicht beeinflussen. Das ist wichtig zu wissen: Gedünstete Möhren enthalten die gleiche Menge wie das Rohmaterial, aus denen sie gewonnen wurden, tiefgekühlte Beeren gleich viel wie erntefrische. Das erleichtert natürlich das Arbeiten in der Küche.

Der Einfluß ausreichender Ballaststoffmengen auf unser Herz- und Kreislaufsystem:

- Verhinderung der Arterienverkalkung durch Bindung von Cholesterin und von Gallensäuren im Darm. Diese werden mit den Ballaststoffen im Stuhl ausgeschieden.
- Vorbeugende Wirkung gegen Bluthochdruck, indem im Überschuß aufgenommenes Natrium teilweise gebunden wird.

◆ Durch Verbesserung der normalen Verdauung vorbeugende Wirkung gegen Hämorrhoiden und Krampfadern.

Es ist sinnvoll, besonders dann größere Mengen ballaststoffhaltiger „Beilagen" zu verwenden, wenn man cholesterin- und/oder fetthaltige tierische Nahrungsmittel auf dem Teller hat.

Dann kommt die bindende Wirkung der Ballaststoffe unmittelbar zum Tragen. Würste, Pasteten, fette Käsesorten und Butter sollte man also mit Vollkornbrot kombinieren, Gänsebraten, Spanferkel, Eisbein (Stelze) mit wirklich großzügig bemessenen Mengen an Kartoffeln, Kraut, Salaten, Obst beziehungsweise Beeren. Man spart auf dem falschen Sektor, wenn man bei den Pflanzen spart!

Freilich kann man mit den Ballaststoffen auch übertreiben, etwa bei einer vollvegetarischen Dauerkost (= Nur-Pflanzen-Kost). Dann wirkt sich das starke Bindungsvermögen der Ballaststoffe nachteilig aus. Besonders die metallischen Mineralstoffe Kalzium, Eisen, Mangan und Zink, die in Pflanzen ohnedies schwach vertreten oder aber schwer abzuspalten sind, werden dann zusätzlich gebunden und können die Darmwand nicht passieren. Deshalb findet man bei Langzeit-Vollvegetariern die entsprechenden Mangelzustände. Am meisten betroffen sind Frauen im Reifealter, da sie durch Monatsblutung, Schwangerschaften, Geburt und Stillzeit bedeutend höhere Verluste an diesen Mineralstoffen haben als Männer. Eine zeitlich begrenzte voll- oder teilvegetarische Kur dagegen kann sich auf das Herz- und Kreislaufsystem sehr positiv auswirken (siehe „Ring-Basen-Diät", Seite 40 ff)

Es wird zuwenig von Gewürzen Gebrauch gemacht

⌧ Ein Mittel, das sehr gut für Durchblutungsstörungen zu empfehlen ist: der Bärlauch oder wilde Knoblauch. Anfang April pflücken wir die grünen Blätter, die sehr stark nach Knoblauch riechen, und geben sie geschnitten aufs Butterbrot, zu Salaten und Suppen.

(Hedwig Angsüsser, Braunau)

⌧ Eine einfache Behandlung hilft mir gegen die Schaufensterkrankheit: Auf den Aufstrich oder die Auflage einer durchschnittlich großen Scheibe Brot zum Abendessen gebe ich feingeschnittene Zwiebel, nicht zu viel. Man könnte auch schon beim Frühstück anfangen, je nach Durchblutungsstörungen. In ein paar Tagen ist alles wieder in Ordnung.

(Leonhard Hörmann, Lauf)

⌧ Kopfschmerzen, verursacht durch Durchblutungsstörungen, habe ich mit Knoblauch erfolgreich beseitigt. Mit Produkten aus Knoblauchpulver, aus Rücksichtnahme auf Mitmenschen und insbesondere den Ehepartner. Wenn meine Frau verreist, nehme ich übers Wochenende abends eine Zehe mit dem grünen Keimling, weil dieser die Fließeigenschaft des Blutes fördert. Man spürt direkt, wie der ganze Kreislauf regelmäßig funktioniert und der Schlaf verbessert wird. *(H. Scholz, München)*

Alle **Laucharten** beeinflussen unsere Durchblutung in vorteilhafter Weise. Am stärksten der Knoblauch, gefolgt vom Bärlauch, dem Schnittlauch, den Zwiebeln, den Schalotten und dem Küchenlauch (Porree). Ihr durchdringender Geruch wird durch das schwefelhaltige *Allicin* hervorgerufen. Dieses ist auch der Hauptwirkstoff.

Die Wirkung der Laucharten auf die Durchblutung ist mehrschichtig:

- Direkte Erweiterung verengter Blutgefäße.

Zusammenfassung der häufigsten Ernährungsfehler

Art des Fehlers	Empfehlung für Erwachsene (bei Durchschnittsmaßen und leichter körperlicher Tätigkeit)	Tatsächliche Ernährungsgewohnheiten
Zuviel	2 200 Kal	3 000 Kal
Zu fett	80 Gramm	140 Gramm
Zuviel Salz	5 Gramm	13–15 Gramm
Zuviel Alkohol	(30 Gramm)	55 Gramm
Zuwenig Ballaststoffe	45 Gramm	10–30 Gramm
Zuwenig Gewürze	–	–

Die häufigsten, bei uns derzeit üblichen Ernährungsfehler wirken sich alle nachteilig auf das Herz-Kreislauf-System, die Blutgefäße und die Durchblutung aus. Die hier angegebenen Empfehlungen gelten für einen Erwachsenen mit einem theoretischen Normalgewicht von 70 kg. Tatsächlich ist jeder zweite Erwachsene um mindestens 10 kg zu schwer, weil er gewohnheitsmäßig zuviel ißt.

Falscher Umgang mit Fetten und gleichzeitiger Mangel an Ballaststoffen gelten als Mitursache für Arterienverkalkung, erhöhter Salzkonsum als Mitursache für Bluthochdruck. Ein Übermaß an Alkohol und ständiges Übergewicht fördern das Risiko.

Freilich spielt bei diesen Erkrankungen auch die Disposition eine große Rolle: die ererbte oder im Laufe des Lebens erworbene Krankheitsbereitschaft, die besondere Veranlagung, an Arterienverkalkung oder an Bluthochdruck zu erkranken. Dann stellt der entsprechende Gewohnheitsfehler in der täglichen Ernährung ein besonderes Risiko dar. Umgekehrt kann man, wenn man um die Veranlagung weiß, besonders gut Vorsorge betreiben, indem man den entsprechenden Ernährungsfehler grundsätzlich vermeidet. So kommt es trotz Veranlagung zu keinem Ausbruch der Erkrankung, da die auslösenden Bedingungen fehlen.

- Herabsetzung der Verklebungsneigung der Blutplättchen.
- Verbesserung der Fließeigenschaften durch Beeinflussung der Blutgerinnung.
- Senkung des erhöhten Cholesterins.

Gut untersucht sind diese Wirkungen allerdings nur beim Knoblauch. Hier gibt es auch brauchbare Rezepte – sie sind im Kapitel über Hausmittel gegen Durchblutungsstörungen beschrieben (Seite 69 ff). In jedem Fall aber ist der vermehrte Einsatz aller Laucharten als Nahrungsmittel und Gewürz sinnvoll.

Wenn man den Bärlauch selbst sammelt, muß man ihn gut kennen, denn die Blätter sehen denen des giftigen Maiglöckchens ähnlich, die allerdings nicht scharf riechen und auf anderen Böden wachsen. Auch mit den Blättern der giftigen Herbstzeitlose kann man den Bärlauch verwechseln. Irrtümer mit Vergiftungsfolgen sind beim Bärlauchsuchen immer wieder vorgekommen. Der Laie kauft sich die Blätter besser am Markt, sie werden gewöhnlich zwischen März und Juni angeboten. Bärlauch läßt sich auch leicht im Garten kultivieren.

Alle oberirdischen Lauchteile (Bärlauch-, Lauch-, Schnittlauchblätter) sind nur im frischen Zustand wirksam.

Neben den Laucharten gibt es weitere **Küchengewürze** mit Einfluß auf Kreilauf und Durchblutung.

⌘ **Anregend und tonisierend** wirken: Basilienkraut (Basilikum), Borretsch, Ingwer, Kubeben, Majoran, Meerrettich, Petersilie, Pfefferminze, Rosmarin, Wacholder, Wermut und Zimt.

⌘ **Beruhigend** wirken: Anis, Dill, Fenchel, Koriander, Kümmel und Melisse.

Diättage und Kuren mit vorbeugender Wirkung auf Kreislauf und Durchblutung

⊠ Einmal in der Woche nur Reis oder nur Kartoffeln essen, aber ungesalzen. Das macht frisch, entlastet den Kreislauf und fördert die Durchblutung.

(Guggi Bauer, Marbella)

Tatsächlich gibt es eine Reihe von Diätformen, bei denen nur ein einziges Nahrungsmittel verwendet wird. Einige davon eignen sich vorzüglich zur Entlastung des Kreislaufes, an erster Stelle die von Frau Bauer erwähnte Reis- beziehungsweise Kartoffeldiät.

Dieses „Einmal-in-der-Woche-Teilfasten“ war früher sehr verbreitet, und es hat den Menschen gutgetan. Man sollte wieder mehr daran denken, denn die regelmäßige Entschlackung dient nicht nur dem Stoffwechsel und der Blutreinigung, sie schafft auch Raum für den Wiederaufbau in den darauffolgenden sechs Tagen. Zweckmäßig ist, stets denselben Tag der Woche zu wählen. Damit nutzt man zusätzlich den in uns vorgeprägten 7-Tage-Rhythmus. Die Regelmäßigkeit der Anwendung begünstigt dabei den Erfolg.

Die Reisdiät

Ihre einfachste Form besteht in der Verwendung von 300 Gramm Reis (Trockengewicht), in üblicher Weise gedünstet, aber nicht gesalzen. Dies entspricht 1 050 Kalorien, hat aber einen guten Sättigungswert, wenn man die Menge auf fünf bis sieben Portionen pro Tag verteilt. Ob man Vollreis, halb- oder ganzpolierten Reis verwendet, ist in diesem Zusammenhang unwesentlich, denn ein Nährwert wird bei dieser einen Tag (bis maximal drei Tage) währenden Diät nicht angestrebt.

Eine Erweiterung ist die **Obst-Reis-Diät**. Dabei wird der Reis mit Fruchtsaft gekocht oder mit Obst gedünstet; am bekanntesten ist der Apfelreis. Flüssigkeit in Form von gutem Quellwasser, milden (natriumarmen) Mineralwässern, Gemüsesäften, verdünnten Frischpflanzensäften und Entschlackungstees führt man ausreichend zu – etwa 2 Liter –, wenn nicht ausdrückliche Flüssigkeitskarenz verordnet ist.

Das ist zum Beispiel bei der **„Reis-Diät nach Kempner"** der Fall. Die Flüssigkeitsmenge ist hier auf einen Liter insgesamt beschränkt. Sie besteht aus 300 Gramm Reis, einem Liter Flüssigkeit in Form von Fruchtsäften oder Obst und 100 Gramm Zucker.

Die Kempner-Diät war als Langzeitdiät gegen Erkrankungen des Herzens mit gleichzeitiger Blutdruckerhöhung gedacht, hat sich wegen ihrer Eintönigkeit allerdings nie durchgesetzt. Wenn man davon Gebrauch macht, dann nur über Verordnung und unter Aufsicht eines Arztes.

Wirkungen eines einfachen Reistages: Entlastung von Herz und Kreislauf, regulierender Einfluß auf den erhöhten Blutdruck, Senkung erhöhter Blutfette.

Die Kartoffeldiät

Hier werden 1 000–1 500 Gramm Kartoffeln möglichst einfach zubereitet und in fünf bis sieben Portionen über den Tag verteilt gegessen. Der Sinn dieser Diät liegt in der Zufuhr von Mineralstoffen, insbesondere von Kalium, während Natrium fehlen soll. Deshalb darf man auch nicht salzen. Um die Mineralstoffe nicht auszuschwemmen, müssen die Kartoffeln in der Schale gekocht oder in der Folie gebraten werden.

Insgesamt macht die angegebene Menge 900–1 350 Kalorien aus. Man wird trotzdem satt und nimmt zugleich sogar ab: 15–20 Gramm Körperfett und bis zu einem Liter Flüssigkeit. Diese holt man innerhalb der nächsten Tage natürlich wieder auf.

Wenn man aber die 15–20 Gramm Fettverlust mit 52 multipliziert (weil man den Kartoffeltag Woche für Woche wiederholt), dann kann durch diese einfache, aber regelmäßig praktizierte Diät ein bestehendes Übergewicht um bis zu 10 Kilogramm im Jahr, und das auf eine sehr schonende Art, reduziert werden.

⌘ Wirkungen des Kartoffeltages: Entlastung von Kreislauf, Stoffwechsel und Verdauung. Hoher Ausschwemmungseffekt bei gleichzeitiger Alkalisierung des Harns durch den Basen-Überschuß. Das ist von Bedeutung, wenn man einen Blasentee trinkt, der nur im alkalischen Harn wirkt, zum Beispiel Bärentraubenblätter oder Heidekraut.

Die Birnendiät

Diese Diät wurde durch den deutschen Arzt Leonhard Schlegel bekannt. Er beobachtete, daß regelmäßig eingesetzte Birnentage eine gute Wirkung bei dem *klimakterischen Bluthochdruck,* dem nach dem Wechsel einsetzenden Hochdruck, zeigen. Nach seinem Rezept werden an zwei Tagen wöchentlich nur Birnen gegessen, in der Menge von jeweils 1 500–2 000 Gramm. Dies entspricht etwa 900–1 200 Kalorien.

Man kann gut ausgereifte Birnen verwenden, die keine schwer verträglichen Steinzellen besitzen, zum Beispiel reife, weiche Butterbirnen. Man kann sie auch in größeren Tagesmengen roh verzehren.

Wichtig ist, daß man sie sehr gut kaut und daß man etwa anhaftende Hefebazillen durch Schälen oder kurzes Blanchieren in siedendem Wasser beseitigt oder unwirksam macht. Dadurch vermeidet man unliebsame Gärungsprozesse im Darm. Birnen mit Steinzellen kocht man und ißt sie in Form eines ungesüßten Kompottes.

Die Birnendiät ist, besonders wenn man sie vorbeugend einsetzt, auch für das „Einmal-in-der-Woche-Teilfasten“ sehr geeignet.

⌘ Wirkungen des Birnentages: Nach Dr. Schlegel speziell beim Bluthochdruck nach dem Wechsel; Entlastung von Herz und Kreislauf, Senkung erhöhter Blutfettwerte. Wie die Kartoffeln sind die Birnen basenüberschüssig und fördern somit die Ausschwemmung.

Die Traubendiät

Traubenkuren sind sehr alt und wurden schon von den Römern zur Entlastung des Kreislaufes eingesetzt. Bekannt sind die „Meraner Kuren“, bei denen Weintrauben oder Traubensaft über Tage und auch Wochen als einziges Kurmittel verwendet werden – natürlich unter ärztlicher Aufsicht.

Einen Traubentag in der Woche aber kann man auch selbst durchführen: Man verwendet 1 500 Gramm gute Weintrauben oder 1–1,5 Liter Traubensaft, entsprechend 700–1 200 Kalorien.

⌘ Wirkungen des Traubentages: Entlastung von Herz und Kreislauf, Senkung erhöhter Blutfettwerte und Ausschwemmung von gestauter Flüssigkeit. Dunkle Trauben enthalten den Farbstoff *Oenin*, der eine schwach antibakterielle Wirkung besitzt.

Die Frischobstdiät

Die Obstsorten lassen sich hier auf verschiedene Weise kombinieren. Eine Mischung wurde von dem Ernährungsspezialisten Professor Heupke zusammengestellt: 400 Gramm **Äpfel**, 700 Gramm **Birnen** und 400 Gramm **Bananen**, verteilt auf fünf bis sieben Portionen pro Tag. Da sie abwechslungsreich ist, kann man diese Diät auch über einen längeren Zeitraum durchführen. Heupke und sein Kollege Demole berichten über eine besonders günstige Wirkung auf die Basenreserven des Körpers.

Die Anwendung einmal wöchentlich wird besonders zur Entlastung des Kreislaufes und zur Senkung der Blutfettwerte empfohlen. Da diese Kombination nicht mehr als 700 Kalorien enthält, ist sie auch zur allmählichen Gewichtsreduktion gut geeignet.

Wenn man einen Teil der Äpfel und Birnen durch Kartoffeln ersetzt, wird die Diät durch Aufnahme eines warmen Gerichtes abwechslungsreicher. Dabei werden die Kartoffeln so zubereitet, wie es anläßlich der Kartoffeldiät beschrieben wurde – sie werden auf keinen Fall gesalzen, da alle diese Diäten ihre Wirksamkeit zum Teil aus ihrer Natriumarmut beziehen.

Die Milchdiät

Milchdiäten sind schon sehr lange gebräuchlich: Buttermilchkuren wurden schon in der altgriechischen Arztschule von Knidos verwendet, die Molke-Kuren hatten ihre erste Blütezeit im alten Rom. Zwischen 1750 und 1880 erlebten sie in den Alpenländern eine unglaubliche Wiedergeburt, es gab damals etwa 150 bestbesuchte Molke-Kurorte, darunter so berühmte wie Gais und Steinegg in der Schweiz, Ischl und Aussee in Österreich sowie Kreuth und Reichenhall in Bayern. In neuerer Zeit wurde die Molke besonders durch den deutschen Arzt Helmut Anemueller wieder bekannt.

Die Milchkuren werden nach dem deutsch-russischen Arzt P. H. Karell, der sich im vorigen Jahrhundert damit intensiv beschäftigt hat, auch Karell-Kuren genannt. Er hat praktisch alle Milcharten erprobt und für brauchbar befunden.

Eine typische Karell-Kur ist sehr einfach durchzuführen: 1 Liter Milch, auf fünf Portionen verteilt. Man kann Voll- oder Magermilchsorten verwenden, Süßmilch oder milchsauer vergorene Milch – je nach Geschmack oder medizinischer Indikation:

- Den geringsten Kalorienwert besitzt die **Normalmolke** mit 240 Kalorien pro Liter. Da sie auch fettarm ist, wird sie als besonderes Kurmittel zur Entlastung des Stoffwechsels und gegen erhöhte Blutfett empfohlen.
- Die **Buttermilch** und die **Magermilchsorten** (z. B. Magermilch, Joghurt 0,3% usw.) mit je 360 Kalorien pro Liter.
- Die **„fettarmen“ Sorten** mit 1,5 bis 1,8% Fett, die pro Liter 500 Kalorien enthalten.

◆ Die **Vollsorten** mit mindestens 3,5% Fett. Ihr Kaloriengehalt beträgt ca. 660 pro Liter (Süß- und Sauermilchen).

◆ Schließlich gibt es mit Eiweiß aufgewertete **Kurmolken**. Sie haben 330 Kalorien pro Liter.

Die Auswahl ist also groß.

⌘ Wirkung eines Milchtages: Entlastung von Stoffwechsel und Kreislauf bei gleichzeitiger Versorgung mit hochwertigen Nährstoffen. Die Milch- und besonders die Molke-Kuren werden gerne in Verbindung mit Frischpflanzensäften verabreicht (ca. 3 Eßlöffel pro Tag). Tatsächlich haben verschiedene Frischpflanzensäfte eine besondere Beziehung zu Herz, Kreislauf und Durchblutung. Deshalb ist ihnen in diesem Buch ein eigener Abschnitt gewidmet (Seite 46 f).

Selbstverständlich kann man alle hier erwähnten Tageskurmittel – Reistag, Kartoffeltag, Birnentag, Milchtag usw. – abwechselnd verwenden. Dann macht man bald die Erfahrung, welches Kurmittel im persönlichen Fall am besten wirkt.

Risikofaktoren und Risikobefunde

Der Begriff „Risikofaktor“ stammt aus der Vorsorgemedizin und meint Faktoren (Umstände), die das Risiko, an einem bestimmten Leiden zu erkranken, erhöhen.

⌘ Als wichtigste Risikofaktoren gelten bei den Gefäßkrankheiten mit Durchblutungsstörungen im Gefolge:

Die **Veranlagung** für

◆ Bluthochdruck,

◆ erhöhte Blutfette (Neutralfette und Cholesterin),

◆ Zuckerkrankheit,

◆ Gicht.

Die **Fakten**

◆ Bewegungsarmut,

◆ Übergewicht,

◆ psychische Überbelastung,

◆ Rauchen.

Die unter „Fakten“ angeführten Risikofaktoren sind jedem, auf den sie zutreffen, auch bewußt. Meist spürt man sogar, was im persönlichen Fall die größte Rolle spielt (nur die Raucher betrügen sich gerne selbst). Die unter „Veranlagung“ angeführten Risikofaktoren nimmt man erst dann wahr, wenn die Krankheit schon ausgebrochen ist. Ihre Vorzeichen lassen sich aber schon an den Befunden einer Vorsorge-Untersuchung ablesen. Wenn ein Befund im Grenzbereich liegt oder bereits erhöht ist, spricht man von einem Risikobefund. Er ist das Signal, die bisherigen Lebensgewohnheiten zu überdenken, sich mit seinem Arzt zu beraten und eine entsprechende Kur durchzuführen. Kuren bei erhöhten Risikobefunden kann man, unter ärztlicher Aufsicht, durchaus ambulant durchführen. Wenn mehrere Befunde gleichzeitig erhöht sind oder psychische Überbelastung eine Rolle spielt, ein „Tapetenwechsel" also ratsam ist, dann sollte man sich die Zeit nehmen und ein Kurhaus aufsuchen.

Schema der zu Durchblutungsstörungen führenden Risikofaktoren*

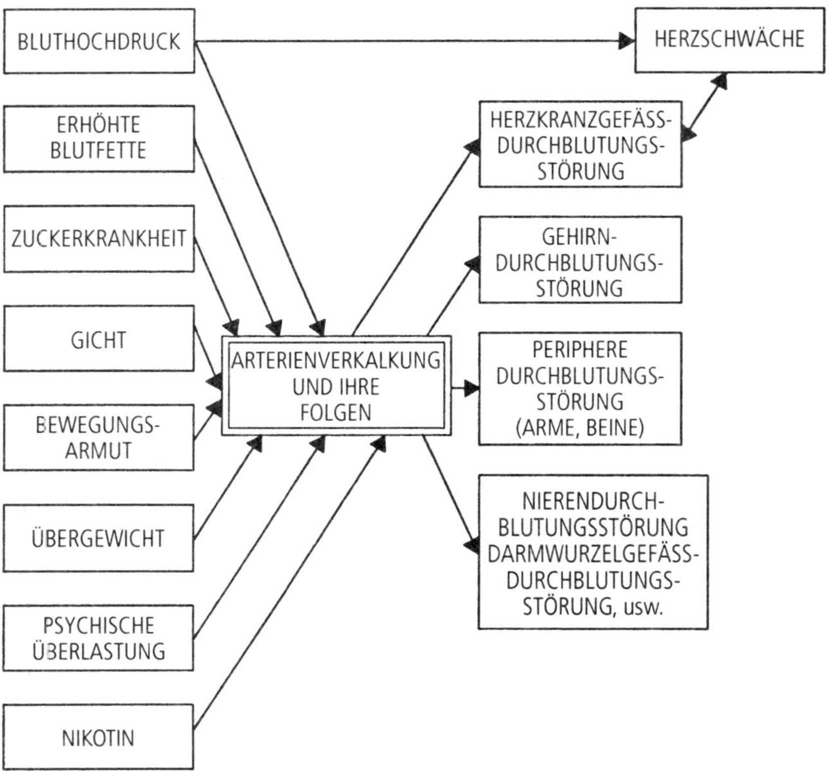

* In Anlehnung an Hj. Mattern, aus Pschyrembel, Klinisches Wörterbuch. DeGruyter, Berlin.

Jeder von diesen Risikofaktoren läßt sich durch das Erheben von **Befunden** abklären. In vielen Ländern werden die Kosten einer pauschalen **Vorsorgeuntersuchung** durch den staatlichen Versicherungsträger abgedeckt. Ab etwa dem dreißigsten Lebensjahr sollte sich jeder vorsorglich „durchchecken" lassen, um Kurskorrekturen der Lebensweise wirklich rechtzeitig vornehmen zu können. Der Ernährungsbericht von 1984 hat gezeigt, daß die meisten Menschen mit ihren gröbsten selbstverantwortlichen Verhaltensfehlern zwischen dem 20. und 30. Lebensjahr beginnen.

Der Bluthochdruck

Normalwerte: bis 140 *systolischer* (oberer) Wert; bis 90 *diastolischer* (unterer) Wert.

Bluthochdruck: über 160 *systolischer* Wert; über 95 *diastolischer* Wert.

Werte zwischen 140 und 160 bzw. zwischen 90 und 95 gelten als verdächtig. Als „Grenzwerte" entsprechen sie bereits einem Risikobefund, der zumindest kurzfristig nachgeprüft werden sollte. Werte über 160 bzw. 95 müssen abgeklärt und behandelt werden. Bei 80 Prozent der Erkrankten genügt eine Umstellung der Lebensweise, wenn diese rechtzeitig erfolgt.

Die Blutfette

Die Blutfette setzen sich aus den *Neutralfetten (Triglyceriden)*, den *Fettsäuren*, den *Phosphatiden*, und dem *Cholesterin* zusammen. Die Normalwerte liegen zwischen 500 und 800 mg% (Milligramm in 100 Milliliter Blut). Bei Erhöhung ergibt sich der Verdacht auf Bestehen einer Fettstoffwechselstörung als Risikobefund. In diesem Fall untersucht man dann die Einzelbestandteile.

Die Neutralfette (Triglyceride)

Normalwerte: 50–150 mg% (nüchtern); **Grenzwert:** 200 mg% (nüchtern).

Das Cholesterin

Normalwerte Gesamtcholesterin: 180–250 mg%; **Grenzwert:** Lebensalter + 180.
Normalwert HDL Cholesterin: 45–55 mg%; **Grenzwert:** weniger als 45 mg% bei Frauen und 35 mg% bei Männern.

Für die Beurteilung des Cholesterins als Risikobefund ist wichtig, daß der Gesamtwert nicht zu hoch, der HDL-Wert aber nicht zu niedrig ist.

Der Blutzucker

Normalwerte: 80–100 mg% nach Methode Hagedorn-Jensen; 50–95 mg% nach der Bestimmung der wahren Glucose.

Bei der enzymatischen Bestimmung der wahren Glucose wird nur der Zucker selbst bestimmt. Bei der optischen Bestimmung nach Hagedorn-Jensen werden andere Substanzen, die sich optisch gleich verhalten wie Zucker, mitgezählt. Deshalb die unterschiedlichen Werte.

Der Grenzbereich wird beim Blutzucker mit Hilfe von Belastungsproben überprüft. Die einfachste Form ist der Glucosetoleranztest: Nach Zufuhr von 50 Gramm Traubenzucker (Glucose) soll der Blutzucker einen bestimmten Grenzbereich nicht überschreiten. Dieser ist altersabhängig (siehe Tabelle).

Blutzucker-Bestimmung, 60 Minuten nach Zufuhr von 50 Gramm Glucose

Altersgruppe (Jahre)	Grenzbereich (mg%)
20–29	145–175
30–39	155–185
40–49	162–200
50–59	185–215
über 60	195–230

Werte **innerhalb** dieses Grenzbereiches sind verdächtig und gelten bereits als möglicher Risikobefund. Man muß, allenfalls mit exakteren Methoden, nachuntersuchen. Höhere als die hier angegebenen Maximalwerte lassen fast sicher das Bestehen (oder Entstehen) einer Zuckerkrankheit vermuten. Dann ist der Risikobefund gegeben – natürlich wird man auch hier nachkontrollieren. Es gibt zwei Haupttypen der Zuckerkrankheit:

- Der **Typ I:** jugendlicher Typ, der insulinabhängig ist. Hier ist die Insulintherapie erforderlich. Wie sehr dieser Typ I als Risikofaktor anzusehen ist, hängt in erster Linie von der exakten Insulin-Medikation ab.
- Der **Typ II:** Erwachsenentyp, der nicht insulinabhängig ist. Hier wird das Zuckerhormon Insulin zwar ausreichend gebildet, hat aber eine herabgesetzte Wirksamkeit. Dieser Typ wird zu 80 Prozent durch Übergewicht, Fettstoffwechselstörungen und Bewegungsarmut ausgelöst. Besonders bei diesem Typ II ist die Frühdiagnose wichtig, da das beschwerdefreie Vorstadium viele Jahre andauern kann – in dieser Zeit aber bereits als Risikofaktor wirkt.

Die Gicht

Der Maßstab ist hier der Harnsäurewert im Blut. **Normalwerte:** 2,5 bis 6,5 mg% bei Männern; 2 bis 6 mg% bei Frauen.

Der Grenzwert liegt bei 6,5 mg%. Ab diesem Wert kann die Harnsäure als Kristall ausfallen und einen Gichtanfall verursachen.

Zu 90 Prozent beruht die Gicht auf einer vermehrten Zufuhr von harnsäurebildenden Stoffen aus Innereien, Fleisch, Fisch, Muscheln und Hülsenfrüchten, bei gleichzeitiger Hemmung der Ausscheidung durch die Niere. Diese Ausscheidungshemmung kann durch Alkohol, vermehrte Fettzufuhr oder vermehrten Fettabbau (Fasten), durch Medikamente oder durch die Zufuhr sehr großer Mengen linksdrehender Milchsäure (Joghurt, Buttermilch) bedingt sein. Es kann aber auch eine Nierenkrankheit vorliegen.

Zu weniger als 10 Prozent jedenfalls wird die Gicht durch die körpereigene Mehrbildung von Harnsäure hervorgerufen. Deshalb ist der Risikofaktor Gicht in erster Linie eine Folge von chronischer Fehlernährung. In den Hungerjahren 1943 bis 1947 gab es diese Krankheit und diesen Risikofaktor bei uns praktisch nicht. Erst ab Mitte der fünfziger Jahre ist sie zunächst vereinzelt, dann gehäuft und schließlich konzentriert wieder aufgetreten. Heute hat jeder fünfte erwachsene Mann Harnsäurewerte von über 7 mg%! Das heißt, er ist im Risikobereich für spätere Gefäßschäden und müßte etwas dagegen tun.

Wie beim Typ II der Zuckerkrankheit dauert das beschwerdefreie Vorstadium auch bei der Gicht jahre- bis sogar jahrzehntelang. Mit Hilfe einer Vorsorgeuntersuchung kann man auch hier das mögliche Risiko im voraus bestimmen. Deshalb ist die Früherkennung bei der Gicht sehr wichtig, da schon das Vorstadium Gefäßschäden setzt.

Frauen während des Reifealters erkranken selten an der Gicht. Nach dem Wechsel ist die Erkrankungshäufigkeit in etwa dieselbe wie bei Männern.

Die Bewegungsarmut

Das Maß der für unsere Gesundheit notwendigen täglichen Bewegung ist seit Jahrmillionen in uns eingeprägt. Es entspricht der Wegstrecke, die der Urmensch, sammelnd oder jagend, zurücklegen mußte, um sich die notwendige Nahrung zu beschaffen. Das waren, je nach Fruchtbarkeit des Reviers, zwischen 6 und 20 Kilometer. Erst mit der Entdeckung des Ackerbaus und der Milchwirtschaft vor etwa 12000 Jahren konnte der Mensch „seßhaft" werden – es hat vielen nicht gutgetan.

Der Muskelaufwand für eine Wegstrecke von 6–20 Kilometern liegt bei 250–800 Kalorien. Diese Mehrleistung gegenüber dem Ruheumsatz unseres Körpers sollten wir in Form von kontinuierlicher Bewegung (unterbrochen von Pausen und Sprints, siehe Kapitel „Bewegungstherapie", Seite 61 ff) heute wie damals erbringen. Es muß nicht unbedingt mit den Beinen sein, wenn das aus irgendwelchen Gründen nicht möglich ist; es geht auch mit Gymnastik, Fitneßgeräten usw.

Der **Ruheumsatz** eines normalgewichtigen Erwachsenen beträgt 1700 Kalorien *(Energiefaktor 100)*.

Leichte körperliche Tätigkeit (Büro, kleiner Haushalt) erfordert eine Mehrleistung von 30 Prozent, also plus 550 Kalorien; zusammen sind das 2250 Kalorien *(Energiefaktor 130)*.

Auf die entsprechende Nahrungsmittelmenge müßte man sich beschränken, denn sonst wird man übergewichtig. Um alle notwendigen Nährstoffe in 2250 Kalorien (= 9400 Joules) unterzubringen, bedarf es schon einiger Kenntnisse; größere Mengen „leerer" Kalorien wie Alkohol, Feinmehlprodukte oder Kartoffelstärke kann man sich hier auf die Dauer nicht erlauben. Auch deshalb ist zusätzliche, gezielte Bewegung in der Größenordnung von weiteren 550 Kalorien, was einer Wegstrecke von über 12 Kilometern bzw. einer vergleichbaren körperlichen Tätigkeit entspricht, von großem Vorteil.

Der **Gesamtumsatz** entspricht damit 2800 Kalorien. Hier bringt man die notwendigen Nährstoffe – Vitamine, Mineralien, Spurenelemente – relativ problemlos unter; man hat sogar den Spielraum, von Speisen essen zu können, die ernährungsphysiologisch wertlos sind, aber trotzdem schmecken.

Der Energiefaktor entspricht jetzt dem Wert von 160. Er entspricht der „mittelschweren körperlichen Tätigkeit" (von Energiewert 150–170 laut Definition). Das offenbar gesündeste Maß für unseren Körper.

⌘ Ausreichende Bewegung dient nicht nur dem Bewegungsapparat. Die **fördernden Wirkungen** sind vielfältig:

- auf den Stoffwechsel – Senkung erhöhter Blutfette, der Zuckerkrankheit (Typ II) vorbeugend,
- auf den Energiehaushalt,
- auf das Herz-Kreislauf-System und die Durchblutung,
- auf das Atmungssystem,
- auf das vegetative Nervensystem,
- auf das Gleichgewicht der Hormone.

Das Übergewicht

Übergewicht gilt in erster Linie als verstärkender Risikobefund. Die Schädlichkeit kommt besonders dann zum Tragen, wenn zusätzlich andere Risikofaktoren vorliegen.

Für die Berechnung des richtigen Körpergewichtes gibt es mehrere Regeln.

Die Bestimmung des Normalgewichtes

Es entspricht der Körperlänge in Zentimetern weniger 100, das Ergebnis in Kilogramm. Beispiel:
180 (cm) – 100 = 80 (kg).

Das Normalgewicht nennt man auch *Broca-Gewicht,* nach dem französischen Wissenschaftler Pierre-Paul Broca, der diese Formel 1868 aufstellte. Diese Bestimmung kann natürlich nur als Faustregel gewertet werden.

Eine andere Bestimmung des Normalgewichtes nimmt mehr Rücksicht auf den Körperbau. Sie entspricht der *Bernhardt-Formel:*
Körperlänge x mittlerer Brustumfang (in cm) : 240 = Normalgewicht (in kg).

Der mittlere Brustumfang entspricht dem Mittelwert zwischen Ein- und Ausatmungsumfang. Erst wenn der mittlere

Brustumfang 106 Zentimeter beträgt, ergibt sich nach dieser Formel ein Normalgewicht von 80 Kilogramm für einen 180 Zentimeter großen Menschen.

Das Idealgewicht

Es liegt im Durchschnitt bei Männern um 10 und bei Frauen um 15 Prozent unter dem Normalgewicht. Unterschiede im Körperbau werden dabei durch die Einteilung in drei Gruppen berücksichtigt: leichter, mittelschwerer und schwerer Körperbau. Dieses „Idealgewicht" wurde seinerzeit von den Statistikern einer amerikanischen Versicherung, der Metropolitan Life Insurance Company, als Gewicht mit der besten Lebenserwartung errechnet. Heute scheint diese Behauptung nicht mehr zu stimmen: Das hinsichtlich der besten Lebenserwartung günstigste Gewicht liegt, bedingt wahrscheinlich durch die allgemeine Änderung der Lebensgewohnheiten in den letzten Jahrzehnten, etwas höher.

Die heutigen Empfehlungen folgen einer relativ breiten Streuung. So liegt das Idealgewicht bei einem 180 Zentimeter großen Mann zwischen 65 und 80 Kilogramm, das einer 170 Zentimeter großen Frau zwischen 53 und 67 Kilogramm – abhängig jeweils vom Körperbau.

Das Übergewicht

Menschen, die über 15 Prozent mehr wiegen als ihr Normalgewicht nach Broca, gelten als übergewichtig. Ausgenommen sind Schwerstarbeiter, Sportler und „Bodybuilder", deren Mehrgewicht aus Muskelmasse, aber nicht aus Fett besteht.

Ansonsten beginnt hier jenes Übergewicht, das als Risikofaktor bezeichnet wird. Für die Behandlungsnotwendigkeit des Übergewichtes gelten heute folgende Regeln:

- Übergewicht von bis 20 Prozent über dem Normalgewicht muß nur dann mit gezielten Maßnahmen und umgehend in Angriff genommen werden, wenn einer oder mehrere der übrigen Risikofaktoren bereits aufgetreten sind.
- Liegt noch kein weiterer Risikofaktor vor, sollte man das Übergewicht bei nächstbester Gelegenheit beseitigen. Die Wahrscheinlichkeit, daß ein zusätzlicher Risikofaktor früher oder später auftreten wird, ist bei bestehendem Übergewicht groß. Die Dringlichkeit ist nicht so akut wie im ersten Fall.
- Übergewicht von mehr als 20 Prozent sollte grundsätzlich behandelt werden. 20 Prozent Übergewicht bei einem 180 Zentimeter großen Mann sind 96 Kilogramm. Bei einer 170 Zentimeter großen Frau sind es 84 Kilogramm. Diese Werte stellen gewissermaßen „Alarmgrenzen" dar.

Es liegt demnach auf der Hand, daß sich besonders der Übergewichtige in kürzeren Abständen einer Gesundenuntersuchung unterziehen sollte, um das Neuauftreten eines Risikofaktors möglichst rechtzeitig zu erfassen.

Die psychische Überbelastung

Psychische Überbelastung ist ein wichtiger und ernstzunehmender Risikofaktor für unser Gefäßsystem und die Durchblutung. Man muß dabei zwischen „Belastung“ und „Überbelastung“ unterscheiden. Man verwendet auch bei uns heute dafür den englischen Begriff „Streß – zu deutsch „Druck“, „Belastung“, „Spannung“.

Den normalen Streß *(Eu-Streß)* braucht jeder, denn sonst verkümmert er und bekommt auch Beschwerden. Der überzogene Streß aber *(Dis-Streß)* hat nachhaltige Folgen auf das gesamte körperlich-seelische Gleichgewicht, vor allem wenn er über längere Zeit andauert. Seine Ursachen sind vielfältig:

- Psychische Konflikte, Sorgen.
- Langdauernde psychische Arbeit mit hohen Anforderungen an die geistige Konzentration, die geistige Regsamkeit oder Geschicklichkeit.
- Langdauernde schwere körperliche Arbeit.
- Gleichförmige Arbeit unter monotonen Bedingungen.
- Zu starke Beleuchtung.
- Zu großer Lärm und andere, ähnliche Belastungen.

Teilweise kennt man sogar die Grenzbereiche, ab denen ein anhaltender Einfluß Schäden verursacht, zum Beispiel bei **Lärm**:

- Bis 60 Dezibel entsteht psychische Belastung – Schlafstörung bereits ab 35 Dezibel, Störung bei geistiger Arbeit ab 55 Dezibel.
- Zwischen 60 und 90 Dezibel treten Gefäßschäden auf, und
- ab 90 Dezibel Dauerlärm kommt es zur Schwerhörigkeit.

Unter Dezibel versteht man den sogenannten Schalldruck. Zum Vergleich: Verkehrslärm hat einen Schalldruck von 70–90 Dezibel, ein Preßluftbohrer von 120 Dezibel.

Bei Leuchtstoffröhren (Neonlicht) treten Schäden bereits bei geringerer **Lichtstärke** auf als bei normalem Licht; wegen des von der Wechselstromfrequenz abhängigen Flimmerns und wegen des einseitig verschobenen Lichtspektrums; ähnliches gilt für das Arbeiten am Bildschirm. Unsere tägliche Umwelt spielt über den Risikofaktor psychische (sensorische) Überbelastung beim Entstehen von Gefäßschäden eine nicht zu unterschätzende Rolle.

Der Einfluß von **seelischen Kränkungen** ist naturgemäß nicht so leicht zu messen. Zwar kann man den Grad einer momentanen Belastung z. B. über die Veränderung des Hautwiderstandes, wie beim Lügendetektor, recht exakt bestimmen. Eine anhaltende Hemmung der Persönlichkeitsentwicklung aber läßt sich in Zahlen nicht ausdrücken. Dennoch sind sich die meisten Wissenschaftler einig, daß gerade diese Form der psychischen Überbelastung zu den wichtigsten Verursachern für Gefäßschäden von der sogenannten vegetativen Dystonie mit Zusammenbruch der Kreislaufregulation bis zur Förderung der Arterienverkalkung zählt.

Das Nikotin

Raucher, insbesondere Zigarettenraucher, erkranken viel früher und viel häufiger an Arterienverkalkung als Nichtraucher. Beim Vergleich „starker Raucher" gegenüber „Nichtraucher" sieht die Herzinfarktstatistik auf Grund von Herzkranzgefäßschäden sehr eindeutig aus: In allen Altersstufen machen die Nichtraucher unter 10 Prozent, die starken Raucher mindestens über 60 Prozent der einen Herzinfarkt erleidenden Patienten aus. Bei Menschen unter vierzig ist das Verhältnis besonders kraß: 4 Prozent Nichtraucher, 76 Prozent starke Raucher, wobei die restlichen 20 Prozent schwache Raucher sind.

Auch die Gefäßerkrankungen an den Beinen werden durch Nikotinzufuhr so sehr gefördert, daß man früher vom „Raucherbein" gesprochen hat. Heute nimmt man an, daß eine bestimmte Veranlagung und das Nikotin gemeinsam die Krankheit verursachen. Man hat festgestellt, daß in diesem Fall auch kleine Nikotindosen schaden. Die Nikotinaufnahme ist abhängig von der Art des Tabakgenusses:

- Beim **Schnupfen** werden große Mengen über die Nasenschleimhaut aufgenommen, allerdings langsam.
- Beim **Kauen** werden ebenso große Mengen über eine größere Oberfläche, nämlich über die Mund- und Magenschleimhaut, aufgenommen. Die Nikotinzufuhr erfolgt also schneller.
- Beim **Zigarren- und Pfeifenrauchen** hängt es von der Verweildauer des Rauches in Mund und Nase ab. Das Nikotin wird zwar schnell, aber nicht vollständig aufgenommen, was wiederum bedeutet, daß in der Ausatmungsluft noch viel Nikotin enthalten ist. Deshalb bitten die meisten Fluggesellschaften, während des Fluges auf Zigarren- beziehungsweise Pfeifenrauchen zu verzichten. Der Nachbar im geschlossenen Raum würde auf diese Weise am meisten mitgeschädigt werden.
- Beim **inhalierten Zigarettenrauch** wird praktisch das gesamte Nikotin über die Lunge aufgenommen. Das hat zur Folge, daß das Herz bei jedem einzelnen Zug aus der Zigarette innerhalb von Sekunden mit Nikotin überflutet wird. Viel schneller als beim Schnupfen, Kauen, Zigarren- oder Pfeifenrauchen, wo ja die Leber zwischengeschaltet ist. Deshalb spürt man auch die Wirkungen des Nikotins auf Herz und Kreislauf bereits nach dem ersten Zug. Beim Weiterrauchen wird der Einfluß auf gleicher Höhe gehalten, die Zufuhr steigt weiter an.

Bei der Bewertung von Risikofaktoren für das Auftreten von Gefäß- und Durchblutungsschäden spielt das Nikotin eine große Rolle. Der Schadmechanismus nimmt folgenden Weg: Durch Anregung der Nebennierenaktivität kommt es zur Erhöhung von Fettsäuren und Cholesterin im Blut. Das führt bei gewohnheitsmäßigem Tabakgenuß zu Verquellung und schließlich Verkalkung der Arterien. Bei aus anderen Gründen erhöhten Blutfetten oder erhöhtem Cholesterin hemmt das Nikotin deren Abbau. Deshalb ist die Zigarette zu einer fetten Mahlzeit ein besonderer Fehler.

Auch das sogenannte **Passivrauchen** kann durch das Nikotin, das in der Nähe von Zigarren- oder Pfeifenrauchern konzentriert ist, oder durch andere Substanzen, wie die (auch krebserregenden) *Nitrosamine*, Gefäßschäden verursachen. Diese Substanzen werden zum Teil zwar inhaliert, zum größeren Teil gelangen sie aber beim Verglimmen des Tabaks in die Umgebungsluft und schaden Rauchern wie Passivrauchern in gleichem Maße.

Die Kuren

Die Regeln einer allgemeinen Vorbeugung von Gefäßerkrankungen sind, nach der Auflistung der Risikofaktoren, eigentlich einfach. Man vermeidet alles, was schaden kann, und fördert alles, was nützt.

Durch vorsorglich richtige Ernährung lassen sich die Risikofaktoren Bluthochdruck, erhöhte Blutfette, Zukkerkrankheit, Gicht und Übergewicht zumindest in vielen Fällen entschärfen. Den Risikofaktor Nikotin könnte man vermeiden, indem man gar nicht erst mit dem Rauchen beginnt. Dem Risikofaktor Bewegungsarmut begegnet man durch gezielte sportliche Tätigkeit. Nur der Risikofaktor psychische Überbelastung kann Schwierigkeiten bereiten – als einziger entzieht er sich der Eigenverantwortlichkeit, wenn Umwelt und Umstände, die man nicht so ohne weiteres beeinflussen kann, mit eine Rolle spielen.

Die Tatsache, daß fünf der acht Risikofaktoren ernährungsabhängig sind, ist kein Zufall. Die meistverbreiteten Wohlstandsfehler hatten zu allen Zeiten mit dem Essen und dem Trinken zu tun. Deshalb wirken bei bereits aufgetretenen Schäden solche Kuren am besten, die eine sinnvolle Ernährungsumstellung in den Mittelpunkt der Anwendungen stellen.

Es gibt mehrere sehr bewährte Kuren, die man am besten vorbeugend, ansonsten bei Grenzwerten oder bei bereits aufgetretenen Risikofaktoren nutzen kann. Bei bestehenden Durchblutungsstörungen ergänzt man die entsprechende Diät durch Bewegungstherapie, Wassertherapie, Heilpflanzen (je nach Beschwerdemuster), das richtige Sich-Einordnen in vorgegebene Lebensrhythmen und dem Erlernen von Techniken zur Selbstbeeinflussung der Gefäßregulation, wobei vor allem der Tagesrhythmus einen beachtlichen Einfluß auf ein klagloses (oder aber fehlerhaftes) Funktionieren unserer Durchblutung hat.

Das Paradebeispiel einer wirksamen Kur für diesen Zweck ist die Ring-Basen-Diät, eine Kostform, die allen ernährungsabhängigen Risikofaktoren global entgegenwirkt. Die notwendigen Begleittherapien werden im Kurhaus verordnet.

Für hausgemachte Kuren eignet sich am besten eine Gemüsesaft/Obstsaft/Frischpflanzensaf/Tee-Kombination als Kur. Auch die Molke-Kur ist sehr empfehlenswert und eignet sich für den Hausgebrauch. Im Kurhaus kann man diese Anwendungen zum Teilfasten benutzen. Zu Hause ergänzt man sie am besten mit einer etwas reduzierten, aber ausreichenden Normalkost; grobe gefäßschädigenden Ernährungsfehler vermeidet man natürlich.

Die Ring-Basen-Diät

Das **Grundprinzip**: Entgiftungsdiät mit gleichzeitigem Vollwertcharakter. Wirkungsvolle Senkung erhöhter Risikobefunde.

Die Abweichung von einer allgemein als gesund zu empfehlenden Vollernährung ist relativ gering, in den entscheidenden Punkten aber genau präzisiert. Auf diese Weise ist die Belastung/Nutzen-Rechnung optimiert – viel Nutzen bei wenig Belastung –, und so hat der Kurausübende nicht das Gefühl des tiefen Einschnittes. Es ist eher, als würde er

Die allgemeinen Richtlinien der Ring-Basen-Diät

- kalorienarm
- fettarm ohne Verzicht auf hochwertige Fette
- natriumarm
- eiweißarm
- reich an langkettigen Kohlenhydraten
- reich an Mineralien, Vitaminen und Vitalstoffen
- Eingewöhnung an Ballaststoffe
- betonter Basenüberschuß

von einer Küche in die andere wechseln, und doch bekommt er eine sehr wirksame Diät mit hohem Entgiftungs- und Entschlackungswert vorgesetzt. Deshalb ist die Ring-Basen-Diät auch für ältere Menschen gut geeignet. Bei ihnen sind ja regelmäßige Entgiftungskuren zur Beseitigung von Risikobefunden oder bereits bestehenden Kreislauferkrankungen einerseits besonders angebracht, andererseits bestehen häufig Gegenanzeigen für die härteren Fasten- oder Teilfastenformen. Das ist bei der Ring-Basen-Diät nicht der Fall; obwohl in der Regel deutlich kalorienreduziert, macht sie satt.

Das liegt zum Teil am hohen Gehalt der Diät an Mineralien, Spurenelementen, Vitaminen und „Vitalstoffen" (aktive Enzyme in biologisch einwandfrei gezogenem Frischmaterial) und zum Teil an der gezielten Mahlzeitenfolge. Sehr wichtig ist bei einer solchen Diät die Materialauslese. Durchschnittliche

Handelsware genügt hier nicht, man braucht eigene, dem Kurhaus angeschlossene landwirtschaftliche Unternehmen.

Ihren Namen hat die Ring-Basen-Diät von dem bei Hartberg in der Steiermark gelegenen Ringkogel, an dessen Fuß das Kurzentrum liegt, in dem die Diät entwickelt wurde und seit vielen Jahren erfolgreich praktiziert wird.

Die Kostform selbst ist *lactovegetabil,* also eine Milch-Pflanzen-Kost. Das ergibt auch den Basenüberschuß, nach dem die Diät ihren Namen hat. Diesen **Basenüberschuß** erzielt man, indem man die „wasserhaltigen" pflanzlichen Nahrungsmittel bevorzugt. Das sind alle Gemüse-, Obst-, Beeren- und Pilzsorten. Auch alle Südfrüchte, die bei ihrer Ernte wasserreich sind – also Kiwis, Orangen, Bananen, Feigen usw. Selbst wenn man sie zur besseren Haltbarkeit trocknet – wie Rosinen, Feigen oder bei uns das Dörrobst – sind sie und bleiben sie basenüberschüssig.

Der Basenüberschuß ergibt sich aus dem Überwiegen der metallischen Mineralien, wie Kalium, Magnesium, Kupfer, Eisen, Mangan, sowie aus der Tatsache, daß Fruchtsäuren nach ihrer Verarbeitung in unserem Zellstoffwechsel ihren sauren Anteil, das Kohlendioxid, mit der Ausatmung abgeben und der basische Rest im Körper verbleibt. Praktisch alle wasserhaltigen pflanzlichen Nahrungsmittel besitzen solche Fruchtsäuren. Sie können zwar sauer schmekken – wie etwa eine Zitrone –, im Körper hinterlassen sie aber, einmal verarbeitet, einen Basenüberschuß. Es kann sich, wie nach dem Genuß von Preiselbeeren, der Harn beachtlich ansäuern, weil der saure Anteil ausgeschieden wird. Der basische Rest verbleibt auch hier im Körper.

Dieser Basenüberschuß ist ein ganz wichtiger Faktor bei der Ring-Basen-Diät:

- Bestehende Schlacken in den Geweben werden leichter gelöst und zur Ausscheidung gebracht. Schlacken sind vergleichbar mit Mülldeponien. Im gelenknahen Bereich, in den Gefäßen, im Muskel *(Gelosen)*, im Unterhautgewebe lagern sie sich ab und bilden Verdickungen und Verklebungen. Solche Schlakken lösen sich nach dem schwedischen Wissenschaftler Ragnar Berg nur, wenn die Ernährung basenüberschüssig ist. Ragnar Berg stellte seine Thesen schon vor dem Ersten Weltkrieg auf. Dann kamen andere Zeiten. Erst jetzt, nach einer längeren Wohlstandsperiode, werden seine Überlegungen wieder hochaktuell. Wissenschaftlich sind sie nicht allgemein anerkannt, aber: Allein die Empfehlung der Weltgesundheitsorganisation, täglich 40–50 Gramm Ballaststoffe zu sich zu nehmen, läßt in der Praxis keine andere als eine basenüberschüssige Ernährung zu.
- Bei Reduktionskostformen mit verringerter Energiezufuhr läßt sich die *Fasten-Acidose*, das ist die Übersäuerung des Körpers durch den Abbau von Fett,

verhindern. Diese Fasten-Acidose hat manche Nachteile: Die Harnsäure kann leichter kristallisieren und einen Gichtanfall auslösen. Deshalb tritt die Gicht – in welchem Gelenk auch immer – häufig bei extremen Fastenkuren auf. Ausreichende Basenzufuhr verhindert das; sogar der große Fastenarzt Otto Buchinger hat seine an sich totale Kur mit Gemüse- und Obstsäften vorsorglich entschärft. Auch die Neigung zur Zuckerkrankheit kann durch falsches Fasten in eine wirkliche Erkrankung umschlagen. Die Ring-Basen-Diät neutralisiert alle Gefahrenquellen dieser oder ähnlicher Art.

Natürlich gibt es auch säureüberschüssige Nahrungsmittel und solche, die praktisch neutral sind. Säureüberschüssig ist ein Nahrungsmittel, wenn die nichtmetallischen Mineralien Phosphor, Schwefel, Chlor etc. überwiegen; neutral, wenn ein Gleichgewicht besteht.

Das läßt sich am besten an Hand einer verläßlichen Grundregel überblicken:

◆ **Basenüberschüssig** sind: Gemüse, Obst, Beeren, Pilze, Südfrüchte. Auch die Kartoffel und die Hülsenfrüchte gehören dazu.

◆ **Neutral** sind: Die Milchprodukte; hier sind allfällige Überschüsse so gering, daß sie in der Praxis keine Bedeutung haben. Man braucht Milchprodukte in Säuren-Basen-Überlegungen nicht einzubeziehen. Neutral sind auch einfa-

Zusammensetzung einer auf 1500 Kalorien ausgerichteten Variante der Ring-Basen-Diät

200 Gramm Getreide (= 300 Gramm Vollkornbrot)

800 Gramm Gemüse und Obst

250 Gramm Milch, Sauermilch, Buttermilch, Joghurt, Kefir usw.

30 Gramm kaltgepreßte Kern-, Keim- und Samenöle (= 2 Eßlöffel)

10 Gramm Butter

Auf Fleisch und Fisch wird während der Kurdauer weitgehend verzichtet.

Der erzielte Basenüberschuß ergibt sich bei dieser Kombination aus dem Mehrgewicht von Gemüse/Obst gegenüber dem Getreide. Es sind 600 Gramm. Als Faustregel gilt: Pro 100 Gramm ist ein Nahrungsmittel 7 Milliliter basen- oder säureüberschüssig (oder neutral). Deshalb sind in der obigen Zusammensetzung der Ring-Basen-Diät ca. 42 Milliliter Basenüberschuß enthalten. Es handelt sich also gerade um die Menge, die nach Ragnar Berg imstande ist, Schlacken zu lösen. Weil man sich nach der Menge Normalsäure bzw. -base richtet, mit der man den jeweiligen Überschuß neutralisieren kann, drückt man den Wert in Millilitern aus.

Der Ballaststoffgehalt der Kombination liegt bei 45 Gramm, entspricht also gerade der Richtlinie der Weltgesundheitsorganisation.

Der Fettgehalt übersteigt 60 Gramm nicht (auch wenn man Vollmilchsorten verwendet), und Salz wird, wie bei jeder Milch-Pflanzen-Kost, nur wenig verwendet – bei gleichzeitiger Zufuhr von Kalium.

che Moleküle wie Salz oder Zucker, reine Fette und Öle, die konzentrierten Alkoholika, während Bier und Wein basenüberschüssig sind. Unterschiedlich sind die Nüsse. Da sie mengenmäßig keine sehr große Rolle spielen, braucht man sie nicht einzurechnen.

◆ **Säureüberschüssig** sind: Alle direkt tierischen Nahrungsmittel: Fleisch, Fisch, Wild, Geflügel, Krusten- und Schalentiere; die daraus hergestellten Produkte, wie Würste, Pasteten usw.; alle Eier – Hühner-, Enten-, Wachteleier, auch Seerogen und Kaviar. Alle Getreide: Weizen, Roggen, Hafer, Gerste, Reis, Hirse, Körnermais; die daraus hergestellten Produkte, wie Mehle, Brote, Backwaren, Teigwaren usw.; auch das Knöterichgewächs Buchweizen ist säureüberschüssig, während der Gemüsemais (Süßmais) basenüberschüssig ist.

Die Eiweißreduktion in der Ring-Basen-Diät

Es fällt auf, daß die Ring-Basen-Diät auch bewußt eiweißarm ausgelegt ist. Sie enthält, in der obigen Zusammensetzung, etwa 45 Gramm davon.

Die eigentliche Empfehlung der Weltgesundheitsorganisation beträgt 0,8 Gramm Eiweiß pro Kilogramm Körpergewicht für einen erwachsenen Menschen pro Tag. Also knapp 60 Gramm Eiweiß für einen 70 Kilogramm schweren Erwachsenen. Tatsächlich führen sich die meisten von uns viel größere Mengen zu, nämlich 100–110 Gramm pro Tag. Ein Umstand, den viele Ernährungsforscher für nicht sehr bedenklich halten, da ihrer Ansicht nach der Überschuß zu Energie verbrannt wird.

Doch gibt es auch eine andere Anschauung, nach der man sich sehr wohl mit zuviel Eiweiß „übermästen“ und auf diese Weise erkranken kann. Sie gründet sich auf Untersuchungen des deutschen Internisten Lothar Wendt, der von einer schädigenden „Eiweißmast“ spricht. Dabei fungieren die Membranen unserer wichtigen kleinen Haargefäße – die *Basalmembranen* der *Kapillaren* – als Speicherorgane. Wenn man chronisch zuviel Eiweiß ißt, dann lagert es sich an der Membran ab, verdickt und verklebt sie und behindert die dort stattfindenden lebenswichtigen Austauschvorgänge. Die feinen Poren der Membran sind verstopft – ein Zustand, für den Wendt den Krankheitsbegriff *„Mikroporopathie“* geprägt hat. Insgesamt kann, ebenfalls nach Wendt, auf diese Weise ein krankhafter Eiweißspeicher von bis zu 5 Kilogramm entstehen! Die Folge sind Gefäßkrankheiten und eine chronisch verminderte Versorgung von Zellen und Geweben. Da aber auch das Bindegewebe im Überschuß angebotenes Eiweiß krankhaft speichert, treten bei Eiweißmast auch rheumaähnliche Erscheinungen auf.

Es ist denkbar, daß neben den acht Risikofaktoren für Gefäßerkrankungen die Eiweißmast eine zusätzliche Rolle spielt. Die Erfahrungen mit der Ring-Basen-Diät, aber auch mit anderen eiweißreduzierten Kostformen (z. B. die „Schnitzer Intensivkost" nach dem deutschen Zahnarzt Johann Georg Schnitzer), weisen jedenfalls in diese Richtung.

Die Eiweißbeschränkung während der Dauer einer Kur ist unbedenklich, genügt aber, um krankhaft gespeichertes Eiweiß zu mobilisieren. Das Vorliegen von Krankheiten oder Umständen, bei denen eine Eiweißreduktion nicht angebracht ist, erkennt der Arzt. Dann kann man die Diät abwandeln.

Ablauf und weitere Indikationen der Ring-Basen-Diät

Die Kurdauer beträgt zwei bis vier Wochen, unter ärztlicher Aufsicht und Nutzung aller Begleittherapien.

Durch Veränderung des Garmachungsgrades – von der Rohkost über fermentierte Rohgemüse bis zum hitzeaufgeschlossenen Material – kann man die Diät an die Verträglichkeit des einzelnen anpassen. Mit ungewohnter Rohkost soll man den Körper nicht überfallen, wohl aber kann man ihn allmählich daran gewöhnen.

Es gibt zahlreiche Kombinationsmöglichkeiten: Zum Beispiel mit der Molke-Kur. Molke enthält 8 Gramm Eiweiß pro Liter, eiweißergänzte Molke 30 Gramm. Je nach angestrebtem Kurerfolg kann man sie an Stelle der anderen Milchprodukte einsetzen.

Man kann die *Zirkaseptanperiodik* (7-Tage-Schwingung, während Kuren besonders ausgeprägt) nutzen und einen wöchentlichen Tee- oder Saftfasttag einschalten. Der erzielte Einschnitt reicht aus, um im Körper eine reaktive Schwingung auszulösen.

Nach einer Ring-Basen-Diät bereitet der Umstieg auf Normalkost keine Schwierigkeiten. Außer bei Gefäßschäden bzw. den verursachenden Risikobefunden wird die Ring-Basen-Diät auch bei bestimmten Nierenerkrankungen, diffusen rheumatischen Erkrankungen, Hauterkrankungen und bei der gewohnheitsmäßigen Verstopfung eingesetzt.

Basenüberschuß in der täglichen Ernährung

Die Berechnung ist einfach: Man stellt sich eine Waage vor und gibt in die linke Waagschale alle säureüberschüssigen Nahrungsmittel: Fleisch, Fisch, Eier, Getreide und Getreideprodukte, und in die rechte Waagschale alle basenüberschüssigen Nahrungsmittel: Gemüse (Blattgemüse, Kohlgemüse, Wurzeln, Rüben, Kartoffeln, Wasserfrüchte, Hülsenfrüchte usw.), Obst, Beeren, Südfrüchte, tropische Früchte, Pilze.

Die Waagschale mit den basenüberschüssigen Nahrungsmitteln soll um 300–400 Gramm schwerer wiegen. Das ergibt einen Basenüberschuß von 20–30 Milliliter, der nach Ragnar Berg ausreichend ist, um „Schlacken" gar nicht erst entstehen zu lassen. Um bestehende Schlacken abbauen zu können, braucht man jedoch einen größeren Basenüberschuß (bei der Ring-Basen-Diät: 40 und mehr Milliliter).

Gemüse- und Obstsäfte sind ebenso basenüberschüssig wie die Nahrungsmittel, aus denen sie gepreßt wurden. Das kann für Leser, die mit den Ballaststoffen noch Schwierigkeiten haben, von Bedeutung sein. Neutrale Nahrungsmittel, wie Milch, Milchprodukte, Fette, Öle usw., beeinflussen die Rechnung nicht. Für die Ermittlung des Gewichtes der verschiedenen Nahrungsmittel gilt:

- Fleisch, Fisch, Geflügel, Wild: der eßbare Anteil als Frischgewicht.
- Getreide, Brote, Teigwaren: das Normalgewicht (bei Reis und Teigwaren zum Beispiel das Gewicht vor der Zubereitung).
- Gemüse, Obst, Beeren, Pilze: das Erntegewicht.
- Bei getrockneten pflanzlichen Produkten: das Gewicht nach der Zubereitung (zum Beispiel bei Bohnen oder Linsen).

Die Säure-Basen-Waage

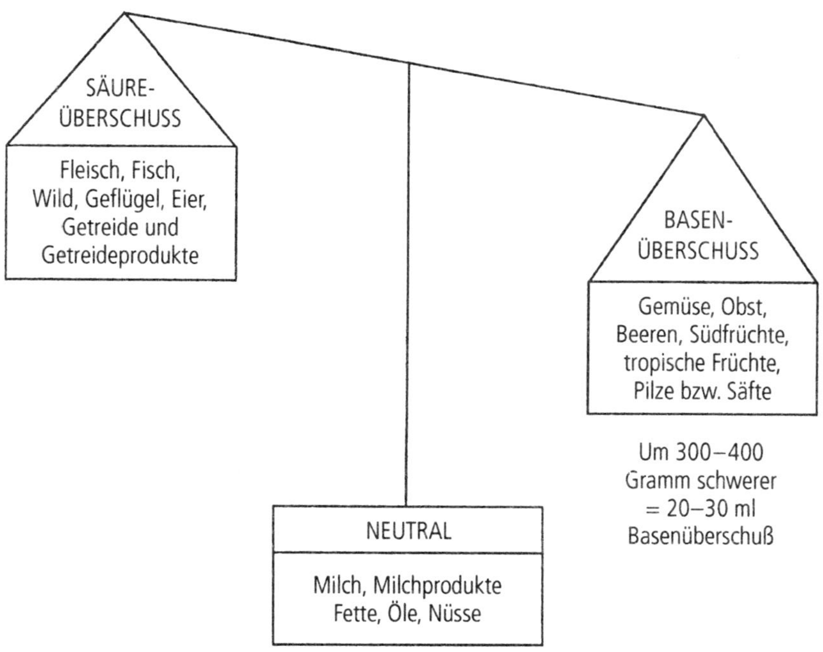

◆ Bei Natursäften: das Normalgewicht (100 Milliliter = 100 Gramm).

Die Säfte-Kur

Sie eignet sich für den Hausgebrauch sehr gut, denn man kann sie neben der normalen Haus- oder Berufstätigkeit durchführen. Man verwendet Gemüse- bzw. Obstsäfte, die man mit bestimmten kreislaufwirksamen Frischpflanzensäften anreichert. Am einfachsten ist eine 12-Tage-Kur (siehe Tabelle), die man im Abstand von je 3 Monaten wiederholen kann. Als **Gemüse- bzw. Obstsäfte** empfehlen sich (je drei 0,5-Liter-Flaschen pro Person und Kur):

◆ Rote Bete (Rüben),
◆ Möhre (Karotte),
◆ Birne,
◆ Traube.

Sie alle entlasten den Kreislauf, versorgen den Körper mit Mineralstoffen und Spurenelementen und bringen etwa 40 Milliliter Basenüberschuß.

Dazu trinkt man folgende **Frischpflanzensäfte** (je ein Fläschchen pro Person und Kur):

◆ Bärlauch,
◆ Artischocke,
◆ Mistel,
◆ Weißdorn.

Die Dosen machen den Unterschied: Von den Obst- und Gemüsesäften nimmt man 4mal täglich 1 Achtelliter. So wird eine Flasche am Tag verbraucht. Von den Frischpflanzensäften nimmt man 4mal 1 Eßlöffel täglich. Da eine Frischpflanzensaft-Flasche etwa 12 Eßlöffeln entspricht, reicht sie für drei Tage.

Natürlich kann man auch andere Einteilungen wählen, wenn es die Umstände erfordern – etwa die Verteilung auf 2 oder 3 Dosen am Tag, oder andere Reihenfolgen, zum Beispiel bei abwei-

Das Programm der 12-Tage-Säfte-Kur

1. Tag:	4	x	1/8 Liter	Rote-Bete-Saft	+	4	x	1 EL	Bärlauchsaft
2. Tag:	4	x	1/8 Liter	Möhrensaft	+	4	x	1 EL	Bärlauchsaft
3. Tag:	4	x	1/8 Liter	Birnensaft	+	4	x	1 EL	Bärlauchsaft
4. Tag:	4	x	1/8 Liter	Traubensaft	+	4	x	1 EL	Artischockensaft
5. Tag:	4	x	1/8 Liter	Rote-Bete-Saft	+	4	x	1 EL	Artischockensaft
6. Tag:	4	x	1/8 Liter	Möhrensaft	+	4	x	1 EL	Artischockensaft
7. Tag:	4	x	1/8 Liter	Birnensaft	+	4	x	1 EL	Mistelsaft
8. Tag:	4	x	1/8 Liter	Traubensaft	+	4	x	1 EL	Mistelsaft
9. Tag:	4	x	1/8 Liter	Rote-Bete-Saft	+	4	x	1 EL	Mistelsaft
10. Tag:	4	x	1/8 Liter	Möhrensaft	+	4	x	1 EL	Weißdornsaft
11. Tag:	4	x	1/8 Liter	Birnensaft	+	4	x	1 EL	Weißdornsaft
12. Tag:	4	x	1/8 Liter	Traubensaft	+	4	x	1 EL	Weißdornsaft

chenden Größen der Obst- und Gemüseflaschen. Alle Sorten jedenfalls sind im Handel in ausgezeichneter Qualität erhältlich. Die Frischpflanzensäfte findet man in der Regel in Apotheken, Drogerien und Reformläden.

Vor allem unter den Frischpflanzensäften gibt es noch weitere Spezialitäten mit Wirkung auf Kreislauf und Durchblutung:

- Knoblauch und Zwiebel,
- Schafgarbe, Melisse und Baldrian zur Beruhigung,
- Hafer und Rosmarin zur Anregung.

Eine Tagesdosis macht maximal 250 Kalorien aus. Man wird die normale Ernährung kaum einschränken müssen. Zusätzliche Flüssigkeit in Form von gutem Quellwasser oder milden Mineralwässern fördert die Entschlackung.

Die Molke-Kur

Molke-Kuren zählen zu den ältesten medizinischen Anwendungen überhaupt. Ihr Haupteinsatzgebiet war immer die Entgiftung des Gesamtstoffwechsels, die Reinigung des Verdauungstraktes und die Schönheit der Haut. Blütezeiten erlebte die Molke-Kur immer dann, wenn es einer größeren Bevölkerungsschicht allzu gut ging und der Schlackendruck (die Summe der Risikobefunde) zunahm. Das war zuerst im alten Griechenland, später in Rom und im vorigen Jahrhundert bei uns der Fall.

Im Kneipp-Kurhaus Heikenberg/Bad Lauterberg wurde die Molke-Kur 1981 erneut an einer größeren Gruppe von Kurpatienten erprobt. Die Ergebnisse waren überzeugend – erhöhte Werte bei Neutralfetten, Cholesterin und Harnsäure gingen nach dreiwöchiger Kurdauer deutlich zurück. Ein Teil der Patienten bekam während dieser Zeit ausschließlich 1 bis 2 Liter „Diät-Kurmolke“ plus 80 Milliliter Frischpflanzensäfte (Löwenzahn, Brennessel, Artischocken), die übrigen erhielten zusätzlich eine auf 1000 Kalorien ausgerichtete Milch-Pflanzen-Kost.

Dieselben Erfolge wie in einem Kurhaus erzielt man zu Hause nicht, da ja auch die Begleittherapien und die Umgebung eine Rolle spielen. Trotzdem ist gerade die Molke-Kur für den häuslichen Gebrauch sehr gut geeignet, vor allem wegen der Einfachheit der Anwendung.

Als **Kurmittel** stehen zur Verfügung:

- **Frischmolke** mit bis zu 8 Gramm Eiweiß (240 Kalorien/Liter),
- **Diät-Kurmolke** mit 30 Gramm Eiweiß (330 Kalorien/Liter).

Das Molken-Eiweiß ist besonders hochwertig. Bei der Herstellung von Käse bleibt es im „Milch-Serum“ – ein anderes Wort für Molke. Da es in seiner Zusammensetzung dem Eiweiß unseres Blutes am nächsten kommt, ist es von allen in der Natur vorkommenden Eiweiß-Arten die für unsere Ernährung wertvollste. Sein „biologischer“ Wert liegt über dem der Gesamtmilch und sogar über dem des Eies. Die Diät-Kurmolke ist mit Molken-Eiweiß angereichert.

◆ **Frischpflanzensäfte.** Im Prinzip dieselben wie bei der im vorigen Kapitel beschriebenen Säfte-Kur. In Heikenberg wurden speziell die Brennessel, der Löwenzahn und die Artischocke verwendet, also die *antidyskratischen* (d. h. blut- und gewebsreinigenden) Mittel.

Eine handelsübliche Frischpflanzensaft-Flasche enthält 160 Milliliter, sie reicht also für jeweils 2 Tage.

Die Kur dauert im Durchschnitt 2–4 Wochen. Während dieser Zeit kann man mehr oder weniger normal essen, oder, wenn es angebracht ist, eine Milch-Pflanzen-Kost einsetzen (z. B. die Ring-Basen-Diät, siehe Seite 40 ff). Sehr einfach ist das „Kurprogramm 2“ von Heikenberg: Als Begleitdiät werden ausschließlich geriebene Möhren, geriebene Äpfel und ungezuckerte Heidelbeeren (frisch oder tiefgekühlt) verwendet, ohne Zusätze wie Zitrone, Zucker oder Salz. Gut waschen und immer frisch anrichten, auf drei Tagesportionen verteilt. Kürzere Kuren dieser Art kann man auch ohne weiteres selbst erproben. Bei längerer Kurdauer braucht man die Betreuung eines Arztes, der die zu erwartenden Kurreaktionen richtig deutet und behandelt.

Der Ablauf einer Molke-Kur

1. Tag: 0,25 Liter Frisch- oder Diät-Kurmolke, in Portionen über den Tag verteilt + 80 Milliliter Brennessel-Frischpflanzensaft, in mildem Mineralwasser auf 5–7 Portionen verteilt

2. Tag: 0,5 Liter Molke + 80 Milliliter Brennessel-Frischpflanzensaft

3. Tag: 1 Liter Molke + 80 Milliliter Löwenzahn-Frischpflanzensaft

4. Tag: 1 Liter Molke + 80 Milliliter Löwenzahn-Frischpflanzensaft

5. Tag: 1 Liter Molke + 80 Milliliter Artischocken-Frischpflanzensaft

6. Tag: 1 Liter Molke + 80 Milliliter Artischocken-Frischpflanzensaft

Ab dem 8. Tag wieder Brennessel-Frischpflanzensaft usw.

Es gibt noch eine Reihe weiterer Frischpflanzensäfte mit reinigender Wirkung: Birke, Bohne, Borretsch, Brunnenkresse, Kartoffel, Kürbis, Meerrettich, Petersilie, Sauerkraut, Schwarzrettich, Sellerie und Zinnkraut. Die Auswahl ist jedenfalls groß. Außer bei Gefäßschäden bzw. den verursachenden Risikobefunden wird die Molke-Kur bei Hauterkrankungen, Leber/Galle-Schäden, der chronischen, gewohnheitsmäßigen Verstopfung und für die Nachbehandlung nach Herzinfarkt und Hirnschlag eingesetzt (im Kurhaus).

Ernährungstherapie bei Bluthochdruck

Bei bestehenden Erkrankungen von Gefäßen und Kreislauf sind spezielle Diätrichtlinien erforderlich. Das gilt im besonderen für den Bluthochdruck und für Störungen des Fettstoffwechsels (Erhöhung der Neutralfette bzw. des Cholesterins, siehe Seite 54 ff). Je nach Art der Erkrankung werden die ernährungstherapeutischen Maßnahmen gesetzt.

Das **Grundprinzip** der bei Bluthochdruck geltenden, nachfolgend im einzelnen dargestellten Diätrichtlinien:

- Verminderung der Natriumzufuhr,
- Erhöhung der Kaliumzufuhr,
- Beschränkung der Fettzufuhr bei Bevorzugung hochwertiger Fette,
- Abbau von bestehendem Übergewicht.

Verminderung der Natriumzufuhr

Natrium im Übermaß erhöht den Blutdruck. In Nordjapan, wo gewohnheitsmäßig am meisten gesalzen wird (27 Gramm Salz pro Tag), ist jeder zweite Erwachsene bluthochdruckrank. In Europa und Nordamerika (hier liegt der durchschnittliche Salzverbrauch bei 15 Gramm) erkrankt immerhin jeder fünfte an Bluthochdruck. Bei den Naturvölkern dagegen, die kein Salz kennen, gibt es diese Krankheit überhaupt nicht.

Normales Kochsalz enthält 40 Prozent Natrium, Meeresvollsalz etwa 32 Prozent, und auch die verschiedenen Kräutersalzprodukte „auf Meeressalzbasis“ haben noch zu große Natriummengen, als daß sie ein Hochdruckkranker bedenkenlos einsetzen könnte.

Nun sind nicht nur die verschiedenen Salze, die ihren Salzgeschmack dem Natriumchlorid verdanken, sondern auch eine Reihe von anderen natriumhaltigen Produkten zu beachten. An sich ist kein natürliches Nahrungsmittel reich an Natrium; es wird jedoch vielfach zur Verlängerung der Haltbarkeit, zur Verbesserung des Geschmackes oder aus technologischen Gründen beigefügt:

- Als *Natriumchlorid* zur Stabilisierung von Konserven, Brot, Würsten, Käse, Fischen usw.
- Als *Natriumglutamat* zur Geschmacksverstärkung von Suppen, Soßen und Fertiggerichten.
- Als *Natriumascorbat,* wenn zur Stabilisierung Vitamin C beigefügt wird.
- Als *Natriumhydroxid* bei der Herstellung von Laugengebäck usw.

Auch das Pökelsalz ist nichts anderes als Natriumchlorid, dem *Natriumnitrat* oder *Natriumnitrit* beigefügt wird. Manche Produkte weisen deshalb einen beachtlich hohen Natriumgehalt auf (siehe Tabelle Seite 50).

6000 Milligramm (= 6 Gramm) Natrium, entsprechend 15 Gramm Salz: das ist in 100 Gramm Salzhering enthalten! Das ist um die Hälfte mehr als die Tages-Grenzempfehlung für einen gesunden

Erwachsenen. Und das Fünffache der Menge, auf die sich ein an Bluthochdruck Erkrankter beschränken sollte. Dieses extreme Beispiel zeigt, wieviel an Natrium bzw. Salz manchmal zugesetzt wird. (Der frisch gefangene Hering hat unter 100 Milligramm Natrium in 100 Gramm eßbarem Anteil.)

Manche Mineralwässer sind ebenfalls zu beachten. Sie können hohe Natriummengen zuführen, ohne daß man es merkt. Nach einer Definition der Europäischen Gemeinschaft gilt ein Mineralwasser als „natriumarm", wenn es pro Liter weniger als 20 Milligramm Natrium enthält. Solche geringen Mengen sind nur in wenigen Wässern enthalten, aber es gibt sie. Als „niedrig" stuft man Mineralwässer mit Gehalten bis 120 Milligramm pro Liter ein. Das erweitert die Auswahl. Extrem natriumreiche Mineralwässer können bis zu 3400 Milligramm Natrium pro Liter enthalten. Der Leser orientiert sich am besten an den auf dem Etikett angegebenen Werten. Milch, Sauermilch, Molke, hochwertige Gemüsesäfte, Frischpflanzensäfte, auch Bier oder Wein haben keinen hohen Natriumgehalt, da sie reine Naturprodukte sind. Wenn, wie zum Beispiel bei Gemüsesäften, aus Haltbarkeitsgründen gesalzen wurde, dann muß es auf dem Etikett vermerkt sein.

Natriumgehalt in Lebensmitteln

Ware pro 100 Gramm	Natrium Milligramm
Salzheringe	6000
Lachs	4000
Rohschinken	2500
Bündnerfleisch	2100
Frühstückspeck	1700
Kartoffeltrockenprodukte	1200
Schmelzkäse	1200
Weichkäse	1100
Bismarckheringe	1000
Hartkäse	800
Wurstwaren	800
Fischkonserven	400
Brote	400
Frischkäse, gesalzen	400
Gemüsekonserven	300

Salzersatzmittel

Es gibt heute eine ganze Reihe von handelsüblichen Würzmitteln, die als „natriumarm" oder „streng natriumarm" bezeichnet werden. Auch für sie gilt die Bestimmung: Unter 120 Milligramm Natrium bei „natriumarmen" Würzmitteln und unter 20 Milligramm bei „streng natriumarmen" Würzmitteln, jeweils auf 100 Gramm berechnet.

Gewöhnlich werden zur Herstellung dieser Salze Ammonium-, Kalium-, Kalzium-, Magnesium- und Cholinverbindungen verwendet. Oft werden, zur Geschmacksaufbesserung, Kräuter zugesetzt. Zum Teil schmecken Salzersatzmittel fast wie Kochsalz (oder sogar besser), manche empfinden einen zu scharfen Beigeschmack. Es gibt auch natriumarme Salze auf Hefebasis und spezielle Suppen- bzw. Fleischwürzmittel, des weiteren Pulver zur Herstellung von

Grundgeschmack von Gewürzen

scharf		bitter	würzig	
Bärlauch	Selleriegrün	Beifuß	Dill	Minze
Knoblauch	Ingwer	Wermut	Fenchel	Rosmarin
Schnittlauch	Zitrone	Lorbeer	Kümmel	Majoran
Zwiebel	Essig	Schafgarbe	Koriander	Wacholder
Bohnenkraut	Senf*	Salbei	Basilienkraut	Ysop
Chillies		Thymian	Liebstöckl	Meerrettich
Petersilie		Quendel	Kardamom	Tomatenmark*
Pfeffer		Vanille	Kubeben	Senf*
Schwarzkümmel			Melisse	

* als natriumarm deklariert

Suppen oder Soßen. Die Auswahl ist sehr groß, man hat die dem persönlichen Geschmack entsprechenden Ersatzmittel bald gefunden. Erhältlich sind sie in Apotheken, Drogerien, Reformhäusern und zum Teil auch im Lebensmittelhandel. Salzersatzmittel sind gewöhnlich nur zum Nachsalzen geeignet, nicht aber zum Backen oder Kochen.

Besonders geeignet sind aber die **natürlichen Gewürze**. Man kann, wenn man sie richtig einsetzt, Geschmacksnuancen erzielen, die den Salzgeschmack nicht nur ersetzen, sondern ihm sogar überlegen sind. Man teilt die Gewürze für diesen Zweck in drei Gruppen: scharf, bitter, würzig (vgl. Tabelle).

Wenn man die Gewürze quer mischen kann (scharf + bitter + würzig), dann vermißt man den Salzgeschmack nicht, weil die entsprechenden Geschmackspapillen miterregt werden. Natürlich muß es zur Speise passen.

Nicht verwechseln darf man den Geruch und den Geschmack eines Gewürzes. So riecht der Wermut wegen seiner flüchtigen Duftstoffe zwar aromatisch, schmeckt aber bitter, da die Bitterstoffe nicht flüchtig, wohl aber wasserlöslich sind.

Natriumarme Nahrungsmittel

Alle Nahrungsmittel sind im Rohzustand natriumarm. Selbst die Muscheln und die Sellerieknolle als Spitzenreiter bleiben noch unter 120 mg pro 100 Gramm. Es gibt aber auch spezielle natriumarme Lebensmittel unter den Produkten, die üblicherweise gesalzen werden: Pasteten, Käsesorten, Wurstwaren, Fischwaren, Brot- und Backwaren, Gemüsekonserven usw. Sie müssen als solche deklariert sein und weniger als 120 Milligramm Natrium in 100 Gramm Ware enthalten. Von solchen Nahrungsmitteln kann der Hochdruckkranke in Hinblick auf das Natrium praktisch bedenkenlos Gebrauch machen. Die anderen wichtigen Punkte allerdings, besonders die Gefahr der übermäßigen Fettzufuhr, die auch mit „natriumarmen" Nahrungsmitteln möglich ist, muß er natürlich beachten. Erhältlich sind diese Nahrungsmittel in Reformhäusern.

Erhöhung der Kaliumzufuhr

Während man beim Natrium, das den Nahrungsmitteln durch Salzen oder Stabilisierungsmittel eigentlich nur künstlich zugeführt wird, einsparen muß, sollte man umgekehrt eine ausreichende Kalium-Zufuhr sicherstellen.

Das Kalium ist der Gegenspieler des Natriums. Man bezieht es aus Gemüse- und Obstsorten bzw. deren Säften. Je mehr man davon Gebrauch macht, um so weniger streng muß die Natriumbeschränkung sein. Deshalb steht man heute auf dem Standpunkt, daß der Hochdruckkranke sich zwar „natriumarm" ernähren sollte (unter 3 Gramm Kochsalz, entsprechend 1,2 Gramm Natrium), aber nicht unbedingt „streng natriumarm" (unter 1 Gramm Kochsalz, entsprechend 0,4 Gramm Natrium – 400 Milligramm).

Kalium kommt in allen Gemüsesorten sehr gut konzentriert vor, gut in Beeren, Obstsorten und Südfrüchten. Die Getreide enthalten ebenfalls gute Mengen, doch sind sie auch kalorienreich – deshalb ist ihre Kaliumdichte, das Verhältnis von *Kaliummenge* zu Kalorienmenge, nicht so hoch wie bei den kalorienarmen Gemüsen. Je höher seine Kaliumdichte, um so rationeller ist ein Nahrungsmittel als Kaliumlieferant. Einige Beispiele zum Vergleich zeigt die Tabelle.

Die Tabelle zeigt auch, daß Trockenfrüchte nicht wirklich mehr Kalium enthalten als die frischen Früchte, aus denen sie hergestellt wurden – die Dichte bleibt dieselbe. Trockenfrüchte haben andere Vorzüge: ihr Wasseranziehungsvermögen bei der Verstopfung, ihr leichtes Gewicht bei Wanderungen.

Außer dem Kalium spielen noch das **Kalzium** und das **Magnesium** eine Rol-

Nahrungsmittel	mg Kalium pro 100 Gramm (Menge)	mg Kalium pro 100 Kalorien (Dichte)
Vollweizen	290	90
Himbeeren	190	360
Äpfel	120	230
Feigen, frisch	190	280
Feigen, getrocknet	780	280
Grünkohl	410	1200
Kürbis	457	3000

le. Ausreichende Versorgung mit beiden bremst die Neigung zu Bluthochdruck. Die besten Kalziumlieferanten sind die Milchprodukte; man kann Süßmilch-, Sauermilchprodukte oder natriumarme Käsesorten einsetzen. Auch die Blatt- und Kohlgemüse haben gute Werte, doch geben sie ihr Kalzium nicht so prompt ab wie die Milchprodukte. Die besten Magnesiumlieferanten sind Vollgetreide und Nüsse, Milchprodukte, grüne Gemüse und Hülsenfrüchte.

Beschränkung der Fettzufuhr bei Bevorzugung hochwertiger Fette

Die mehrfach ungesättigten Fettsäuren aus Kern-, Keim-, Samen- und Nußölen sind Vorstufen von blutdrucksenkenden Wirkstoffen, die der Körper selbst bildet. Fruchtöle und tierische Fette haben diese Vorteile nicht. Deshalb sollte der Gesamtfettverzehr gesenkt, der Gebrauch kaltgepreßter hochwertiger Öle aber betont werden. Es gelten dieselben Regeln wie bei den Fettstoffwechselstörungen, wo sie auch eingehend beschrieben werden (Seite 54 ff).

Abbau von bestehendem Übergewicht

Das Übergewicht steht mit dem Bluthochdruck in engem Zusammenhang. Etwa 70 Prozent aller Übergewichtigen, aber nur 15 Prozent aller Normalgewichtigen haben erhöhte Blutdruckwerte. Dabei sind sowohl der Fettansatz als auch der bei Überernährung gewohnheitsmäßig höhere Kochsalzverbrauch von ursächlicher Bedeutung. Es hat sich gezeigt, daß die Reduktion des Gewichtes mit Hilfe einer natriumarmen Diät massive Hochdruckwerte normalisieren kann. Aber auch ohne Natriumbeschränkung trat Besserung ein, wenn allein das Übergewicht beseitigt wurde.

Die hier beschriebenen Regeln für die Ernährungstherapie bei Bluthochdruck gelten für den sogenannten primären (essentiellen) Hochdruck. Etwa 80–90 Prozent aller Hochdruckkranken leiden unter dieser Form. Sekundäre Hochdruckformen treten im Gefolge einer Organerkrankung (zum Beispiel der Niere), einer hormonellen Störung oder auch im Verlauf einer Vergiftung auf. In diesen Fällen muß natürlich das Grundleiden behandelt werden.

Wenn blutdrucksenkende Mittel verordnet werden, muß man Mittel und Ernährungstherapie aufeinander einstellen. Fast immer verstärkt richtige Ernährung die Wirksamkeit von Medikamenten, so daß man mit niedrigeren Dosen auskommt.

Ernährungstherapie bei erhöhten Blutfett- oder Cholesterinwerten

⌘ Das **Grundprinzip** der bei erhöhten Blutfett- oder Cholesterinwerten geltenden Richtlinien:

◆ Beschränkung der Gesamtfettzufuhr bei Bevorzugung hochwertiger Fette,

◆ Beschränkung der Cholesterinzufuhr,

◆ Beschränkung süßer Kohlenhydrate (Disaccharide – Zucker, Honig etc.),

◆ Vermeidung größerer Einzelmengen ungebundener langkettiger Kohlenhydrate (Weißmehl-, Reisstärke-, Kartoffelstärkeprodukte),

◆ Beschränkung des Alkoholkonsums,

◆ Abbau von bestehendem Übergewicht.

Die Bedeutung dieser Punkte ist jeweils von der Art der Fettstoffwechselstörung abhängig. Die Einteilung erfolgt in **Fettstoffwechselstörungstypen** (sogenannten *Hyperlipoproteinämie*-Typen nach Fredrickson):

◆ **Typ I**: Eine angeborene Form, die sehr selten vorkommt. Hier muß man sich in der Fettzufuhr extrem beschränken und bestehendes Übergewicht beseitigen. Das Cholesterin spielt beim Typ I nur eine geringe Rolle.

◆ **Typ II**: Diese Form ist häufig; sie macht etwa 20–30 Prozent aller Fettstoffwechselstörungen aus. Hier ist das Cholesterin deutlich erhöht, die Neutralfette können, aber müssen nicht erhöht sein. Es gibt die Untertypen II a und II b, die wichtigsten ernährungstherapeutischen Maßnahmen sind dieselben: Beschränkung der Cholesterinzufuhr, Beschränkung der Gesamtfettzufuhr, Ausrichtung auf hochwertige Fette.

◆ **Typ III**: Eine seltene Form; sie macht etwa 5–10 Prozent aller Fettstoffwechselstörungen aus. Cholesterin und Neutralfette sind erhöht. Hier spielen die Kohlenhydrate eine große Rolle, da sie, im Übermaß verzehrt, zu Fett umgewandelt werden. Die ernährungstherapeutischen Maßnahmen: Beschränkung der Kohlenhydrate, des Cholesterins und Abbau von bestehendem Übergewicht.

◆ **Typ IV**: Die häufigste Fettstoffwechselstörungsform – etwa die Hälfte aller Fälle. Erhöht sind in erster Linie die Neutralfette, das Cholesterin kann erhöht sein. Auch hier spielen die Kohlenhydrate eine große Rolle. Die ernährungstherapeutischen Maßnahmen: Beschränkung der Kohlenhydrate, Beschränkung der Gesamtfettzufuhr, Ausrichtung auf hochwertige Fette, Abbau von bestehendem Übergewicht.

◆ **Typ V**: Eine seltenere, aber intensivere Form des Typ IV. Die Neutralfette sind erhöht, das Cholesterin kann erhöht sein. Dieser Typ ist sowohl durch Kohlenhydrat- als auch durch Fettzufuhr auslösbar. Daher die ernährungstherapeutischen Maßnahmen: Beschränkung der Kohlenhydrate, stärkere Beschränkung der Fettzufuhr als bei Typ IV, Abbau von bestehendem Übergewicht.

Es gibt noch zwei sehr seltene Formen, die in der Typeneinteilung nicht berücksichtigt sind. Sie spielen keine große Rolle. Von besonderer Bedeutung sind wegen ihrer Häufigkeit die Typen II, IV und V. Die Unterscheidung trifft der Arzt mit seinen Laboruntersuchungen. Besondere Anhaltspunkte gewinnt man aus dem Verhältnis von Neutralfetten zu Cholesterin und aus der Zuckerbelastungsprobe (siehe Seite 32 f).

Das größte Risiko, an späterer Arterienverkalkung zu erkranken, besteht bei Typ II und beim seltenen Typ III, in geringerem Maß bei Typ IV und eher ausnahmsweise bei Typ V. Ihnen allen liegt eine familiäre Anlage zugrunde, die aber des entsprechenden chronischen Ernährungs- oder Verhaltensfehlers bedarf, um zum Ausbruch zu kommen. Fettstoffwechselstörungen können aber auch ohne besondere Anlage im Lauf des Lebens durch andere Grundkrankheiten verursacht werden. Lebererkrankungen, Nierenerkrankungen, die Zuckerkrankheit, die Gicht und hormonelle Störungen können Fettstoffwechselentgleisungen nach sich ziehen. In diesem Fall muß die Grundkrankheit mitbehandelt werden.

Bei Fettstoffwechselstörungen gelten in der Praxis folgende **ernährungstherapeutische Richtlinien:**

Beschränkung der Gesamtfettzufuhr bei Bevorzugung hochwertiger Fette

Diese Maßnahme gilt für alle Typen von Fettstoffwechselstörungen. In Wirklichkeit handelt es sich um die Beschränkung auf das normale Maß – das ist aber eben um mindestens ein Drittel geringer als das bei uns übliche Gewohnheitsmaß – und um eine andere Verteilung der Fette als gewohnt: Einschränkung der tierischen und der minderwertigen pflanzlichen Fette bei gleichzeitig vermehrtem Gebrauch von hochwertigen Kern-, Keim-, Samen- und Nußölen.

Entscheidend ist dabei der Gehalt an den heilsamen, mehrfach ungesättigten Fettsäuren. Sie sind imstande, den Fettstoffwechsel zu verbessern, das erhöhte Cholesterin zu senken und die Fließgeschwindigkeit des Blutes in den kleinen Gefäßen zu erhöhen. Auch der Bluthochdruck wird durch sie günstig beeinflußt (vgl. Seite 53).

Die gesättigten Fettsäuren haben eine gegenteilige Wirkung. Das Maß für den heilsamen (oder auch vorbeugenden) Wert eines Fettes oder Öles ist das **Verhältnis zwischen seinen mehrfach ungesättigten Fettsäuren (P) und den gesättigten Fettsäuren (S)**. Man dividiert P durch S (P/S). Je höher die daraus gewonnene Zahl (P/S-Quotient), um so wertvoller ist das Produkt für die Beseitigung von Fettstoffwechselstörungen. Zugleich auch um so rationeller, da man mit einer geringeren Gesamtfettmenge auskommt.

Produkt	mehrfach ungesättigte Fettsäuren (P)	gesättigte Fettsäuren (S)	P/S
Distelöl (Safloröl)	75	10	7,5
Leinöl	70	10	7,0
Sonnenblumenöl	60	10	6,0
Maiskeimöl	60	12	5,0
Sojaöl	60	14	4,3
Kürbiskernöl	60	15	4,0
Baumwollsaatöl	50	25	2,0
Erdnußöl	31	19	1,6
Diät-Margarine	60	25	2,4
Reform-Margarine	55	25	2,2
Olivenöl	10	20	0,5
Kokosfett	2	90	0,02
Palmkernfett	2	90	0,02
Butter	4	60	0,06
Schweineschmalz	6	40	0,2
Rindertalg	4	55	0,07

Alle in der Tabelle oberhalb der Linie aufgeführten Öle bzw. Margarinen haben P/S-Quotienten von über 1,0. Das erlaubt, auch von tierischen Fetten Gebrauch zu machen, da das angestrebte P/S-Verhältnis aller verzehrten Fette eines Tages bei bestehenden Fettstoffwechselstörungen zwischen 1,0 und 1,5 liegen soll.

Tierische Fette, Fruchtfette oder -öle und Billigmargarinen haben alle einen P/S-Quotienten von unter 1,0. In begrenzter Menge kann auch der Fettstoffwechselgestörte von diesen (in der Tabelle unterhalb der Linie aufgeführten) Ölen und Fetten Gebrauch machen. Allerdings müssen sie durch ausreichenden Verzehr von hochwertigen Kern-, Keim- und Samenölen abgedeckt sein, damit der Tages-Gesamtfettverbrauch nicht überzogen wird.

In der Tabelle fällt auf, daß die gesättigten und die mehrfach ungesättigten Fettsäuren zusammen nie 100 Prozent ausmachen. Der fehlende Rest sind „einfach“ ungesättigte Fettsäuren vom Typ der Ölsäure. Sie sind besonders stark im Olivenöl vertreten. Sie beeinflussen den P/S-Quotienten nicht, haben auch keine nachteiligen Eigenschaften. Allerdings muß man sie zur Tages-Gesamtfettmenge zählen, womit sie, aus diesem Blickwinkel gesehen, relativ unrationell sind.

Für diese meßbaren Fette und Öle, die man als Aufstrich, zum Kochen oder für Salate verwendet, läßt sich eine brauchbare Rechnung für einen P/S-Quotienten von über 1,0 leicht erstellen (siehe Tabelle unten).

Nun gibt es neben diesen meßbaren Fetten und Ölen auch die **„versteckten" Fette** in verschiedenen Nahrungsmitteln. Fetthaltige Käsesorten und Wurstwaren und fettdurchzogene Fleischsorten sind hier am meisten zu beachten. Anhaftendes, sichtbares Fett bei Fleischgerichten, das man wegen der aromatischen Inhaltsstoffe gerne mitkocht oder -brät, kann man wegschneiden, die versteckten, unsichtbaren Fette im Fleischkörper, in Würsten oder Käse aber nicht.

Diese Fette muß man in der Regel zu den gesättigten Fetten zählen. Bei den Wurstsorten sind für den Fettstoffwechselgestörten die Portionswürste oft gefährlicher als die wirklich fetten Sorten wie Salami oder Mettwurst. Die einen verzehrt man als ganze Portion, die anderen kann man sich dosiert zurichten, in kleinen Scheiben oder als dünner Aufstrich.

Bei den Käsesorten ist heute der tatsächliche Fettgehalt auf der Packung oft angegeben. Die übliche Bezeichnung „F. i. T." („Fett in der Trockenmasse") ist zu verwirrend. Man kann sich aber an Hand einer Faustregel den tatsächlichen Fettgehalt leicht selbst bestimmen:

- Bei Frisch- und Weichkäse beträgt er etwa ein Drittel des F. i. T.,
- bei Schmelzkäse die Hälfte und
- bei Hartkäse etwas mehr als die Hälfte.

Sowohl bei den Wurst- als auch Käsesorten gibt es die „Leichtprodukte", mit betont weniger Fettgehalt. Sie sind als solche deklariert.

⌘ In der Zusammenfassung ergeben sich für den Umgang mit den Fetten für den fettstoffwechselgestörten Leser folgende Schwerpunkte:

- Gesamtfettmenge nicht überziehen. Für einen erwachsenen Menschen sind 90 Gramm im Tag die Grenzmenge.
- Ein Drittel davon sind versteckte Fette.
- Die restlichen 60 Gramm verteilt man auf etwa 40 Gramm hochwertige Kern-, Keim- und Samenöle beziehungs-

Beispiel einer Rechnung für einen P/S-Quotienten von über 1,0

10 Gramm Distelöl für Salate	7,5 Gramm P	1,0 Gramm S
5 Gramm Olivenöl zum Kochen	0,5 Gramm P	1,0 Gramm S
10 Gramm Butter als Aufstrich	0,4 Gramm P	6,0 Gramm S
25 Gramm gemischte Fette und Öle	8,4 Gramm P	8,0 Gramm S

Der P/S-Quotient von 8,4/8,0 beträgt 1,05, wäre also gerade richtig.

weise die daraus gewonnenen Margarinen; 20 Gramm kann man in Form von tierischen Fetten oder minderwertigen pflanzlichen Bratfetten einplanen.

Beschränkung der Cholesterinzufuhr

Am wichtigsten ist die Beschränkung der Cholesterinzufuhr bei Typ II der Fettstoffwechselstörungen, und hier ist sie auch wirksam. Erhöhte Cholesterinwerte gehen im Verlauf einer gezielten Diät um 15 Prozent zurück. Bei den anderen häufigen Typen (IV und V) spielt die Cholesterinbeschränkung nicht dieselbe entscheidende Rolle, doch werden bei uns ganz allgemein zuviel cholesterinhaltige Nahrungsmittel gegessen. Als vernünftiges Maß pro Tag gelten etwa 300 Milligramm. Tatsächlich wird das Doppelte verzehrt. Man kann es auch so ausdrücken: Es werden zuviel tierische Nahrungsmittel gegessen, was schon von sich aus belastet, zugleich aber auch den Platz für die wichtigen pflanzlichen Nahrungsmittel einengt.

Der Gesunde sollte sich also auf etwa 300 Milligramm Cholesterin pro Tag beschränken, der an einer Fettstoffwechselstörung bereits Erkrankte muß es (während der Diätphase sogar auf 150 Milligramm).

Nahrungsmittel, aus denen bei uns das meiste Cholesterin bezogen wird

Eier	30 Prozent
Fleisch	25 Prozent
Fleischwaren	18 Prozent
Butter	7 Prozent

Die restlichen 20 Prozent stammen aus verschiedenen anderen tierischen Nahrungsmitteln wie Fisch, Käse usw.

Das Cholesterin ist ein wichtiger Baubestandteil unseres Körpers. Wir sind auf eine Zufuhr nicht unbedingt angewiesen, da es der Körper aus Grundbausteinen in der Leber selbst bilden kann. Krankhaft erniedrigte Werte gibt es deshalb bei bestimmten Leberfunktionsstörungen und bei seltenen Erbkrankheiten, nicht aber bei vegetarischer Kost. Es ist aufschlußreich, aus welchen Nahrungsmitteln bei uns das meiste Cholesterin bezogen wird (siehe Tabelle oben). Das zeigt, wo es sinnvoll ist, ein-

Nahrungsmittel	Ist/Woche	Soll/Woche
Eier (280 mg Chol/Stück)	4 Stück	2 Stück
Fleisch (80 mg Chol/100 g)	1,2 Kilogramm	0,6 Kilogramm
Fleischwaren (80 mg Chol/100 g)	0,8 Kilogramm	0,3 Kilogramm
Butter (220 mg Chol/100 g)	110 Gramm	100 Gramm
	3600 mg Chol	1800 mg Chol

zusparen, und wo nicht. Bei Eiern sowie bei Fleisch und Fleischwaren (Würsten, Pasteten) zahlt es sich besonders aus, denn hier ist der Gewohnheitsverzehr eindeutig überzogen. Bei der Butter weniger, obwohl sie reichlich Cholesterin enthält. Sie wird bei uns gar nicht im Übermaß genossen. Deshalb hat es auch wenig Wert, bei ihr zu sparen.

Sollte man meiden

100 Gramm Ware		mg Cholesterin
Kalb	Hirn	3050
	Leber	500
	Niere	360
	Bries	300
Rind	Hirn	2630
	Niere	410
	Leber	360
	Bries	300
Schwein	Hirn	2000
	Leber	420
	Niere	350

Sollte man beschränken

100 Gramm Ware (im Ø)	mg Cholesterin
Schlachttierfleisch	70 – 90
Wurstwaren	50 – 100
Geflügel	70 – 80
Wild	60 – 110
Fisch	30 – 80
Käsesorten, sehr mager	5 – 10
Käsesorten, mager	10 – 30
Käsesorten, mittel	30 – 60
Käsesorten, fett	60 – 90
Käsesorten, sehr fett	90 – 120
Butter	200 – 240
Vollmilch, 1 Liter	100 – 120
Magermilch, 1 Liter	10 – 30
Sahne, 15% Fett, 100 ml	40
Sahne, 36% Fett, 100 ml	90
Schweineschmalz	80 – 100

Wenn man diese Zahlen auf die bei uns üblichen Ernährungsgewohnheiten umsetzt, erhält man „Ist-Werte", die man aufs „Soll" berichtigen kann – pro Woche, entsprechend der im Durchschnitt üblichen Cholesterinaufnahme von 4500 Milligramm, davon 80 Prozent aus den bereits genannten Nahrungsmitteln (siehe Tabelle Seite 58 unten).

Eier enthalten nur im Dotter Choleste rin. Das Eiklar ist sowohl cholesterin- als auch fettfrei.

Es gibt unter den Fleischwaren allerdings einige Produkte, die bis zum Zehnfachen der empfohlenen Tagesmenge von 300 Milligramm Cholesterin allein in 100 Gramm Ware aufweisen (siehe Tabelle links). Solche Nahrungsmittel meidet man generell.

Auch Kaviar und Seerogen haben (wie das Eidotter) hohe Cholesterinwerte. Da man sie nur in kleinen Mengen zu sich nimmt, spielen sie keine große Rolle.

Nahrungsmittel mit mittlerem Cholesteringehalt beschränkt man auf das vernünftige Maß (siehe Tabelle links).

Beschränkung süßer Kohlenhydrate

Sie spielt beim häufigsten Typ IV und beim Typ V eine wichtige Rolle, ebenso beim seltenen Typ III. Zu große Mengen an Zucker, Süßigkeiten, Honig, Ahornsirup, Marmelade und vergleichbaren Nahrungsmitteln werden zu schnell aufgenommen und in Fett verwandelt. Deshalb sollte man sich speziell bei diesen Fettstoffwechselstörungen stark einschränken. Eine Beschränkung auf das vernünftige Maß ist aber bei allen Typen angebracht. Gefährlich sind besonders süße Zwischenmahlzeiten, da der Zucker nicht durch gleichzeitig aufgenommene Ballaststoffe gebunden ist. Auch gesüßte Getränke (Limonaden, Liköre, Dessertweine) und Obstsäfte sollten nur in kleinen Mengen und nie auf nüchternem Magen verwendet werden. Die Zuckeraustauschstoffe Fruchtzucker, Sorbit und Sionon stellen keine Alternative dar, da sie ebenfalls zu Fett umgewandelt werden und die Blutfette erhöhen.

Vermeidung größerer Einzelmengen ungebundener langkettiger Kohlenhydrate

Dasselbe Prinzip wie bei den süßen (kurzkettigen) Kohlenhydraten: Zu große Mengen auf einmal gelangen zu schnell in das Blut und werden in Fett umgewandelt. Betroffen sind Weißmehl-, Kartoffelstärke- und Reisstärkeprodukte wie Mehlspeisen, Brötchen, polierter Reis, aus Kartoffelstärke hergestellte Pommes frites, Puddingpulver usw.

Bei ausgeprägter kohlenhydratabhängiger Fettstoffwechselstörung, wie sie im Vorstadium und bei Bestehen der Zuckerkrankheit gegeben ist, ist es sinnvoll, die Kohlenhydratzufuhr zu beschränken und bewußt über den Tag zu verteilen.

Beschränkung des Alkoholkonsums

Alkohol behindert, in größeren Mengen getrunken, die Klärung des Blutes von Fetten nach der Mahlzeit; außerdem wird ein Teil der Alkoholkalorien in Fett umgewandelt. Besonders gefährdet ist der am häufigsten anzutreffende Fettstoffwechselstörungs-Typ IV. Auch ein alkoholbedingter Leberschaden verschlechtert die Aussicht, den Stoffwechsel zu stabilisieren. Wenn eine Gewichtsreduktion notwendig ist, verhindert Alkohol als Energieträger ihren Erfolg.

Abbau von bestehendem Übergewicht

Übergewicht begünstigt das Entstehen von Fettstoffwechselstörungen. Mit Hilfe einer geeigneten Diät sollte man das Normalgewicht bzw. Idealgewicht anstreben (siehe Ring-Basen-Diät, Seite 40 ff).

Bewegungstherapie bei bestehenden Erkrankungen von Kreislauf und Gefäßen

✉ Gegen Durchblutungsstörungen helfen am besten: Ausdauersportarten in jeder Art und Menge.
(Christian Lehnert, Coburg)

✉ Nach dem Aufwachen mache ich im Bett liegend Fahrradübungen, nach dem Aufstehen Frühgymnastik mit über 20 verschiedenen Übungen. Ferner täglich Spaziergänge von 2–3 Stunden, und auch mit dem Fahrrad strample ich herum. *(Anton Beck, Meersburg)*

✉ Anstatt mit öffentlichen Verkehrsmitteln zu fahren, gehe ich bis zu 8 km täglich zu Fuß. *(E. Kuntke, München)*

Wichtige Grundkenntnisse

Jede Bewegung benötigt ein bestimmtes Maß an Mehrdurchblutung. Um die erhöhte Blutmenge zu den tätigen Muskeln zu bringen, muß das Herz seine Leistung erhöhen, weshalb jede Bewegungstherapie zugleich auch ein Training der Herzleistung darstellt. Das muß bedacht werden, dem muß man sich anpassen.

Bei einem erwachsenen Menschen fördert das Herz in völliger Ruhe – im Bett liegend – 5 Liter Blut in der Minute. Diese Menge ist das Produkt des geförderten **Blutvolumens pro Herzschlag** (70 Milliliter in Ruhe) und der **Anzahl der Herzschläge pro Minute** (70). 70 Milliliter mal 70 sind 4900 Milliliter, also praktisch 5 Liter. Dabei wird jedes Blutkörperchen zumindest einmal das Herz passieren, denn der erwachsene Mensch besitzt gerade 5 Liter Blut insgesamt; in Ruhe sind davon nur etwa 3,5 Liter im Umlauf. Der Rest bleibt in den Depots der Milz, der Leber, der Eingeweide und unter der Haut.

Bei einsetzender Bewegung muß das Herz mehr Blut pro Minute fördern. Beim Untrainierten bewältigt es diese Mehrleistung zunächst durch Erhöhung der Anzahl der Herzschläge pro Minute, die Pulsfrequenz steigt an. Mit zunehmendem Trainingseffekt aber fördert es, weil der Herzmuskel kräftiger wird, ein größeres Blutvolumen pro Schlag und braucht deshalb die Pulsfrequenz erst dann zu erhöhen, wenn das Schlagvolumen allein nicht mehr ausreicht. Natürlich kann ein bisher untrainiertes Herz seine Muskelkraft nur allmählich steigern. Deshalb sollte man entsprechend vorsichtig beginnen: Bewegung oder Bewegungstherapie nie von einem Tag zum anderen in ungewohnter Weise anheben, sondern eher „einschleichend" beginnen, mit nur allmählich zunehmender Belastung!

Bei einem extrem trainierten Spitzensportler gelangt das Herz bis an die äußerste Grenze seiner Förderleistung: 35 Liter in der Minute. Dabei stellt es sich auf die höchste sinnvolle Schlagzahl ein: 180. Eine weitere Steigerung bringt nichts, da die Pausen zwischen den Schlägen zu kurz werden, um das Herz neuerlich mit ausreichend Blut zu füllen. Das Schlagvolumen liegt jetzt bei 200 Milliliter. Mehr geht nicht; dieses Maximum der Leistungsfähigkeit wird von Männern zwischen dem 18. und 22. Lebensjahr erreicht; Frauen haben ihr – natürlich nicht ganz so hohes – Leistungsmaximum zwischen dem 16. und dem 20. Lebensjahr.

Ein älterer Mensch sollte bei Trainingsbeginn vor allem seinen Puls kontrollieren. Er braucht nämlich ausreichende Pausen zwischen den Herzschlägen, da nur in dieser Zeit der Herzmuskel über die Herzkranzgefäße mit Blut und Sauerstoff versorgt werden kann – während des Herzschlages selbst ist die Herzmuskelanspannung zu groß, um Sauerstoff oder Nährstoffe aufnehmen zu können. Der Herzmuskel verhält sich nämlich anders als ein Bewegungsmuskel:

◆ Der Herzmuskel braucht laufend Sauerstoff. Er kann keine Sauerstoffschuld eingehen wie ein Bewegungsmuskel. In Ruhe verbraucht das Herz pro Minute 30 Milliliter Sauerstoff, das sind 10 Prozent des Gesamtsauerstoffverbrauches. Zum Vergleich: Das Herz macht nur 0,5 Prozent des Gesamtkörpergewichtes aus. Bei starker körperlicher Arbeit steigt der Sauerstoffverbrauch auf das Vierfache des Ruhewertes an.

Herzfrequenz (Ruhepuls)	64	72	81	90	100
Sauerstoffverbrauch (Vergleichszahl)	8	8,5	9	9,5	10

Bei gleicher Leistung verbraucht das Herz in Ruhe bei einem Ruhepuls von 100 um 20 Prozent mehr Sauerstoff als bei einem Ruhepuls von 64.

◆ Der Sauerstoffbedarf des Herzens in Ruhe steigt oder fällt mit seiner Schlagfrequenz (Pulsgeschwindigkeit). Und zwar im Verhältnis zu deren Quadratwurzel; es ist viel einfacher, als es klingt (siehe Tabelle). Nun ist es einer der großen positiven Effekte eines wohldosierten Trainings, daß der Ruhepuls absinkt. Das heißt, nicht nur die Arbeitsleistung, sondern auch die Ruheleistung wird durch gezielte Bewegungstherapie verbessert. Das wieder bedeutet einen besseren Schlaf, mehr Konzentration und Ausdauer bei geistiger Arbeit usw. – Man kann auch übertreiben: Wenn man den Ruhepuls gewaltsam unter 40 trainiert, dann kann das Herz Schwierigkeiten bekommen, den richtigen Rhythmus zu finden. Das ist einem bekannten Amerikaner passiert, der das Joggen zu fanatisch betrieben hat.

⌘ Die wichtigste Regel: **In der Bewegungstherapie ist das richtige Maß entscheidend.** Zu wenig bringt nichts, und zu viel schadet. Vor allem ältere Menschen sollten sich mit ihrem Arzt beraten, bevor sie ein Trainingsprogramm starten (ob im Freien oder im Fitneß-Center).

◆ Der Nährstoffverbrauch des Herzens ist sehr großzügig und sinnvoll eingerichtet – man kann den Herzmuskel als „Allesfresser" bezeichnen. Er kann sogar die Schlacken der Körpermuskeln verbrennen: Bei schwerer körperlicher Tätigkeit entsteht Milchsäure, die mit dem Blut in den Herzmuskel gelangt und dort in Energie umgesetzt wird. In körperlicher Ruhe gewinnt das Herz seine Energie nur zu knapp 30 Prozent aus Milchsäure, während des Trainings oder einer entsprechenden Arbeit aber zu über 60 Prozent. Damit verbrennt das Herz nicht nur Stoffe, die bei Arbeit, Sport und Bewegungstherapie anfallen, sondern es wirkt auch der Übersäuerung des Stoffwechsels durch die Milchsäure entgegen.

Allerdings geht das, je nach Trainingszustand, nur bis zu einer gewissen Grenze. Dann steigt zuerst die Milchsäure- *(= Lactat-)*Konzentration in der Zelle und schließlich im Blut an.

Man bestimmt das Lactat bei Sportlern, um Leistungsreserven und Trainingsausmaß zu messen. Dieselbe Lactat-Bestimmung sollte aber auch beim therapeutischen Training durchgeführt werden, denn dann kann man Trainingsintensität und Trainingshäufigkeit ideal bestimmen und hat Erfolg. Die Methode ist einfach, erfordert einen Blutstropfen, der aber möglichst schnell ausgewertet werden sollte, da Lagerung die Werte verändert. Das geht am besten in einem Kurhaus, das mit Bewegungstherapie arbeitet und die Untersuchung durchführt. Bei richtigem Training ist das Lactat nicht oder nur geringfügig erhöht.

Übertraining macht sich auch durch verschiedene psychovegetative Symptome bemerkbar: Müdigkeit, Bewegungsunlust, Reizbarkeit, Verdauungsstörungen, Schlafstörungen. Nun sind das auch Zustände, die man mit Bewegungstherapie beseitigen will. Wenn man alles richtig macht, dann bessern sie sich (nach einer gewissen Anlaufzeit); treten sie während der Bewegungstherapie wieder auf, muß man sich überlegen, ob man nicht zuviel des Guten getan hat.

Erhöhtes Lactat bei einer einzigen Überbelastung bringt intensivere Symptome mit sich: Nach einem 400-Meter-Lauf an der persönlichen Leistungsgrenze bildet sich so viel Lactat im Muskel, daß die Beine wie gelähmt sind. Man bringt sie nicht mehr hoch. Hier zeigt sich ein weiterer Trainingseffekt: Beim Untrainierten dauert die Erholungszeit lange, beim bereits Trainierten nur 2–3 Minuten.

Weitere Überlastungszeichen sind: kühle, blasse Haut; schneller, leicht unterdrückbarer Puls (Blutdruckabfall); schnelle Atmung, zu flach oder zu tief; Schwäche mit Ohnmachtsneigung. Das Herz pumpt das Blut in die Hauptschlagader, von wo es zu den kleinen, den sehr kleinen Arterien und schließlich zu den Arteriolen gelangt. Diese sind die letzten Adern vor den Kapillaren (Haargefäßen), und hier spielen sich viele Durchblutungsstörungen ab. Von den Kapillaren, welche unsere Zellen mit Gewebe versorgen, geht das Blut über kleinste Venen, die Venolen, sehr kleine Venen, kleine Venen und schließlich die Hauptvene wieder zurück zum Herzen.

Die **Fließgeschwindigkeit des Blutes** ist in den verschiedenen Gefäßabschnitten sehr unterschiedlich:

- in der *Hauptschlagader* 20 cm/sec,
- in den sehr kleinen *Arterien* 2 cm/sec,
- in den *Arteriolen* 0,2 cm/sec,
- in den *Kapillaren* 0,02 cm/sec.

Da eine Kapillare weniger als 1 Millimeter lang ist, braucht ein gesundes Blut nicht länger als 3 Sekunden, um durch sie zu fließen.

Ganz anders aber, wenn die Fließeigenschaften des Blutes, durch erhöhte Blutfette zum Beispiel, verändert sind. Jetzt ist die Durchströmung der kleinsten Endgefäße besonders erschwert, weil die Erhöhung der Zähigkeit einer Flüssigkeit erst dann nachteilig zum Tragen kommt, wenn sie sehr langsam fließt. Deshalb ist jede Beschleunigung des Blutumlaufes von Vorteil; sie läßt sich durch sinnvolle Bewegungstherapie erreichen. Wir besitzen etwa 40 Milliarden Kapillaren. Bei Untätigkeit ist ein Teil von ihnen leer, da der Körper sie „aus dem Verkehr" nimmt. Bei Tätigkeit kommt es zur *Kapillarisierung* – die Kapillaren öffnen sich, und die zu- und abführenden Gefäße, die Arteriolen und Venolen, werden aktiviert. Wenn das, aus welchen Gründen auch immer, nicht geht, dann bilden sich *Umgehungsgefäße (Kollaterale)*. Das ist ein vom Körper vorgesehener Ausheilweg, für den es aber eines entsprechenden Reizes bedarf. Und hier ist die Bewegungstherapie Reiz Nummer 1. Natürlich wachsen diese Umgehungsgefäße nicht von heute auf morgen. Im allgemeinen rechnet man bei täglicher Bewegungstherapie mit einer Trainingsdauer von 12 Wochen. Nach Ablauf dieser Zeit genügt im Durchschnitt ein 1- bis 3mal wöchentlich durchgeführtes Trainingsprogramm, um den erreichten Gewinn zu halten. Durch Wasseranwendungen und bestimmte Heilpflanzen kann der Heilungseffekt deutlich verbessert werden.

Die offenbar von der Wachstumsgeschwindigkeit der Umgehungsgefäße abhängige Zeitdauer der Therapie wird dadurch aber nicht verkürzt.

Bewegungstherapie in der Praxis

An vorbeugenden Bewegungsübungen gibt es, nach dem deutschen Arzt Herbert Mensen, ein „tägliches Soll". Man führt sie wahlweise oder kombiniert durch:

- eine Stunde spazierengehen,
- eine halbe Stunde bergwandern,
- eine Stunde radfahren in der Ebene,
- eine Stunde intensive Hausarbeit,
- sechs Minuten Intervalltraining.

Ein sonst gesunder Mensch kann und soll zur Erhaltung seiner Gesundheit diese Übungen bis in das höhere Alter durchführen.

⌘ **Intervalltraining** kann im Freien oder im Zimmer durchgeführt werden. Die einfachste Form:

- 1 Minute auf der Stelle laufen oder hüpfen, dann
- 1 Minute Pause, dann
- 1 Minute auf der Stelle laufen oder hüpfen, dann
- 1 Minute Pause, dann
- 1 Minute auf der Stelle laufen oder hüpfen, dann
- ausruhen.

Das Laufen oder Hüpfen führt man intensiv genug durch, wenn der Puls um 30–50 Schläge über den Ruhewert ansteigt. Dabei gibt es für den Untrainierten eine Faustregel zur Ermittlung der oberen Grenze der Pulsbeschleunigung: **180 weniger Alter pro Minute**. Ein Sechzigjähriger sollte also nicht mehr als 120 Pulsschläge erreichen wollen – außer er ist überdurchschnittlich trainiert.

Die besondere Stärke des Intervalltrainings ist die Neubildung von Umgehungsgefäßen. Deshalb wird es auch Patienten, die bereits Gefäßschäden haben, verschrieben.

Bewegungstherapie bei Durchblutungsstörungen an den Beinen

Durchblutungsstörungen an den Beinen können unterschiedlich stark ausgeprägt sein. Man teilt den Schweregrad in Stadien ein:

- **1. Stadium:** Kalte Füße, Kribbeln, schnelle Ermüdung beim Wandern.
- **2. Stadium:** „Schaufensterkrankheit", das Auftreten von Schmerzen in Wade und Füßen nach einer bestimmten Gehdistanz. Wenn diese Distanz über 100 Metern liegt, spricht man vom „mittelschweren" Stadium 2a, liegt sie unter 100 Metern, vom „schweren" Stadium 2b.
- **3. Stadium:** Nur mehr kurze Gehdistanz möglich, starke Wadenschmerzen beim Gehen und beginnende Ruheschmerzen.
- **4. Stadium:** Gehunfähigkeit, Dauerschmerz auch in der Nacht.

Natürlich müssen diese Symptome diagnostisch abgeklärt werden. Kribbeln oder Wadenschmerzen können auch andere Ursachen haben als Gefäßschäden, zum Beispiel eine Erkrankung des Ischiasnervs.

⌘ Die Bewegungstherapie ist im **1.** und **2. Stadium** erfolgreich, wenn sie richtig und regelmäßig durchgeführt wird.

Im Vordergrund steht dabei das Intervalltraining. Dabei wird das „Zwei-Drittel-und-Pause"-Prinzip empfohlen. Die Durchführung ist einfach:

- Man ermittelt die längstmögliche schmerzfreie Gehstrecke. Nehmen wir an, sie beträgt 300 Meter.
- Zwei Drittel dieser Strecke sind die Übungsdistanz, also 200 Meter.
- Nach diesen 200 Metern wird eine Pause (das Intervall) eingelegt. Diese Pause ist sehr wichtig, weil in dieser Erholungsphase der Körper den Reiz zur Bildung von Umgehungsgefäßen umsetzen kann. Die Pausenlänge ist individuell sehr unterschiedlich – grundsätzlich jedenfalls so zu bemessen, daß man theoretisch wieder 300 Meter ohne Schmerzen gehen könnte. Das tut man aber nicht, sondern geht wieder 200 Meter, wieder Pause, wieder 200 Meter usw.
- Ausreichende Nacherholung.

Es hat sich gezeigt, daß eine Gehgeschwindigkeit von mindestens 3,5 Stundenkilometern auf ebener Strecke nötig ist, um einen ausreichenden Reiz zu setzen. Höhere Geschwindigkeiten sind aber möglich, z. B. beim Laufen auf der Stelle im Zimmer. Aber auch hier ermittelt man zuerst die „Zwei-Drittel"-Grenze.

Die Besserung muß nicht kontinuierlich eintreten. Gefäßgestörte sind oft besonders wetterempfindlich und haben entsprechende gute und schlechte Tage. Auch psychische Belastungen spielen eine Rolle. Nach einer Woche aber ist gewöhnlich ein Leistungszuwachs zu vermerken: Die schmerzfreie Gehstrekke (Teststrecke) wird länger. Dann wird die Übungsstrecke neu bemessen.

Je nach Lage der Gefäßverengung gibt es besondere Übungen:

- Bei **Verengung im Beckenbereich** sind Rudern mit Heimrudergerät (Rollsitz), Radfahren in Rückenlage oder im Sitz bzw. mit dem Fahrrad, Kniebeugen und Treppensteigen sinnvoll, da dabei vor allem die Oberschenkelmuskulatur beansprucht wird.
- Bei **Verengung im Oberschenkelbereich** Zehenstandübungen und Fußrollen – dabei wird die Unterschenkelmuskulatur beansprucht.
- Bei **Verengung im Unterschenkelbereich** Zehenübungen verschiedener Art, damit die Fußmuskulatur betätigt wird.

Im Prinzip gilt dasselbe für das Schwimmen. Dabei sind Wassertemperaturen von 28–30 Grad am günstigsten. Man kann Schwimmen auch gegen Durchblutungsstörungen an den Armen gut einsetzen. Viele Menschen leiden nur einseitig an Durchblutungsstörungen. Dann kann man, nach dem Training, mit dem gesunden Bein oder Arm locker weiterüben. Über Reflexe wird die Durchblutung auch auf der kranken Seite gebessert. Alle Bewegungsübungen werden sinnvoll mit Wasseranwendungen kombiniert.

Beim **3.** und **4. Stadium** der Durchblutungsstörungen ist Bewegungstherapie nicht angebracht und schadet meist sogar. Hier muß man die anderen Möglichkeiten der Medizin ausschöpfen.

Bewegungstherapie bei Durchblutungsstörungen der Herzkranzgefäße

Das Programm soll die Durchblutung und Leistungsfähigkeit des Herzmuskels verbessern. Um das richtige Maß zu finden, ist eine exakte Diagnose notwendig. Eine Untersuchung beim Herzspezialisten ist Voraussetzung für die Ermittlung der geeigneten Bewegungstherapie.

Grundsätzlich gut geeignet sind Terrainkuren. Das sind bestimmte Wanderpfade mit ansteigenden, ebenen und abfallenden Strecken, schattigen und sonnigen Anteilen, meist auch mit der Möglichkeit zu kleinen Wasseranwendungen zwischendurch. Sie sind nicht zu verwechseln mit den sogenannten „Trimm-dich-Pfaden" oder „Fitneß-Parcours", bei denen meist Schwierigkeiten eingebaut sind, die einen Herzkranzgefäßkranken oder einen Menschen nach abgelaufenem Herzinfarkt zu sehr belasten würden.

Die Grundregel ergibt sich aus der Pulsbestimmung. Dabei unterscheidet man:

- Die **Höchstbelastung:** Sie entspricht bei einem sonst leistungsfähigen Herzkranzgefäßkranken dem Wert „170 minus Lebensalter", liegt also um 10 Schläge niedriger als beim untrainierten Gesunden. Im Verlauf des bewegungstherapeutischen Trainings kann dieser Wert ansteigen.
- Die **Ausdauerbelastung**: Sie sollte zu Beginn vom Arzt bestimmt werden, der das richtige Maß mit Hilfe des Fahrrad-Ergometers und angeschlossenen EKGs gut bestimmen kann. Auf diese Weise kann man den Erfolg auch am besten objektivieren. Eine Rolle spielt der Ruhepuls: Je höher er ist, um so niedriger wird der richtige Ausdauertrainingspuls anzusetzen sein (Berechnung siehe Kasten).

Solche Rechnungen kann man aber nur als Faustregel ansehen. Die Bestimmung des Ausdauertrainingspulses hat ihren Sinn: Es ist der Puls, bei dem ein Trainingseffekt auf das Herz- und Kreislaufsystem zu erwarten ist.

Berechnung der Ausdauerbelastung

200 – Lebensalter – Ruhepuls = x;
x : 2 + Ruhepuls = Ausdauertrainingspuls für einen Herzkranzgefäßkranken.

Für einen 60jährigen mit Ruhepuls 70:
200 – 60 – 70 = 70;
35 + 70 = 105 (Ausdauertrainingspuls).

Für einen 60jährigen mit Ruhepuls 90:
200 – 60 – 90 = 50;
25 + 70 = 95 (Ausdauertrainingspuls).

Wenn alles stimmt, dann wird der 60-jährige mit dem Ruhepuls von 90 früher oder später einen von 70 erreichen. Dann kann er die Pulsfrequenz für sein Ausdauertraining anheben – mehr oder weniger flott spazierengehen, leicht traben oder radfahren.

Den Höchstbelastungspuls setzt man für das Intervalltraining ein (siehe Seite 64 f).

Heilpflanzen und andere Mittel zur Behandlung von Durchblutungsstörungen

Es gibt eine ganze Reihe von Heilpflanzen und anderen Spezialitäten mit gut untersuchter Wirkung gegen verschiedene Formen von Durchblutungsstörungen. Sie lassen sich zum Teil gar nicht so ohne weiteres in ein nach exakten Wirkungen geordnetes Schema einfügen, da manche von ihnen an verschiedenen Punkten der Störung gleichzeitig angreifen. So senkt der Knoblauch z. B. erhöhte Blutfettwerte und verbessert damit die Fließeigenschaften des Blutes; aber auch direkte Wirkung auf die Gefäßmuskulatur ist ihm eigen – die kleinen Gefäße werden erweitert, und der erhöhte Blutdruck kann sich so leichter normalisieren.

Für diese Wirkungsvielfalt sind verschiedene Inhaltsstoffe des Knoblauchs verantwortlich. Deshalb bringt die ganze Pflanze oder ein Totalextrakt bessere Erfolge als der isolierte Einzelstoff. Was man bei Heilpflanzen oft beobachten kann: Als Ganzes wirken sie besser, als man von der Summe ihrer Wirkstoffe erwarten könnte. Manche von ihnen werden bevorzugt als *Geriatrika* verwendet. Das sind Mittel mit Wirksamkeit gegen den Alterungsprozeß. Der Ginkgo, das Kleine Immergrün, der Brennesselsamen und das Procain sind typische Beispiele. Auch den Knoblauch könnte man hier einreihen, oder aber, mit gleichem Recht, bei den Vorbeugungsmitteln. In der folgenden Übersicht sind die Mittel nach ihrer vordergründigen Wirkung eingeteilt. Die eigentlichen Geriatrika bilden einen besonderen Block und werden in einem gemeinsamen Kapitel beschrieben.

Heute werden wieder vermehrt, und nicht selten mit gutem Erfolg, homöopathische Mittel zur Behandlung diverser Durchblutungsstörungen herangezogen. Die wichtigsten von ihnen sind in einem abschließenden Kapitel zusammengefaßt.

Einteilung nach der im Vordergrund stehenden Wirkung

◆ Verbesserung der Fließeigenschaften des Blutes: Knoblauch (Geriatrikum), Bärlauch, Zwiebel, Artischokcke, Ginkgo (Geriatrikum), Borretschsamen, Nachtkerzensamen, Fischöle.

◆ Verbesserung der Gefäßaktivität: Weißdorn, Kleines Immergrün (Geriatrikum).

◆ Verbesserung der Venendurchblutung: Roßkastanie.

◆ Senkung des erhöhten Blutdrucks: Mistel.

◆ Stabilisierung eines niedrigen Blutdrucks: Rosmarin, Herzgespann.

◆ Beseitigung nervös bedingter Kreislaufstörungen: Hafer, Baldrian, und Melisse.

◆ Die eigentlichen Geriatrika: Ginkgo, Kleines Immergrün, Brennesselsamen, Procain.

Der Knoblauch

⊠ Mein Tip: Eine Knoblauchzwiebel kleinschneiden, mit 1 Liter 38%igem Alkohol ansetzen, 4 Wochen in die Sonne stellen. Täglich ein Schnapsglas voll trinken. Dieser Schnaps ist sehr gut bei Durchblutungsstörungen, Arteriosklerose usw. *(Elfriede Maier, Wiesbaden)*

⊠ Rezeptur. Zutaten: Ca. 50 Gramm frischen Knoblauch, 0,5 Liter Wasser, Saft einer Zitrone, 50 g Blütenhonig (6 Teelöffel). Den Knoblauch zerdrücken und im Wasser 5 Minuten kochen lassen. Den Sud durch ein Tuch seihen und abkühlen lassen. Zitronensaft und den Blütenhonig gut verrühren und in eine dunkle Glasflasche abfüllen. Davon trinke man morgens und abends je ein Stamperl voll. *(Willi Dieckgruber, Windach)*

Knoblauch

⊠ Es gibt Knoblauch-Petersilienöl-Kapseln. Sie haben die volle Wirksamkeit des Knoblauchs und dazu die entschlackenden Eigenschaften der Petersilie. Außerdem riecht man den Knoblauch nicht, da sich die Kapsel erst im Darm auflöst. Zur Vorbeugung gegen Durchblutungsstörungen genügen 2mal täglich 2 Kapseln.

(Hans Dirnberger, Hagenberg)

Der Knoblauch ist eine der meistgenannten Pflanzen zur Behandlung und vor allem zur Vorbeugung der Arterienverkalkung. Wie wir heute wissen, völlig zu Recht. Er wurde schon seit Urzeiten als Heilmittel eingesetzt: Es gibt ein 5000 Jahre altes, in Keilschrift verfaßtes Knoblauchrezept; für die „sagenhaften" chinesischen Kaiser, die vor 4000 Jahren lebten, war der Knoblauch ein lebensverlängerndes Mittel, und eine Papyrusrolle, ebenfalls etwa 4000 Jahre alt, berichtet über den Aufstand ägyptischer Pyramidensklaven – sie verweigerten die Arbeit, weil ihnen die tägliche Knoblauchration gekürzt wurde! Als Haupteinsatzgebiete für den Knoblauch galten damals infektiöse Darmerkrankungen, wie die in Mittelmeerländern heute noch verbreitete Amöbenruhr, und seine allgemeine kraft- und potenzsteigernde Wirkung.

Zu uns ist der Knoblauch erst im Jahre 1683 mit den Türken anläßlich ihrer Belagerung Wiens gekommen. Obwohl man ihn wegen seines Geschmackes „Gruserich“ nannte, erkannte man doch sehr schnell seine hervorragenden Eigenschaften, und bald gab es in Deutschland, Österreich und Frankreich ganz spezielle Knoblauchheilkuren. Der berühmte deutsche Ernährungsforscher Carl von Noorden erkannte seinen medizinischen Wert und verfaßte eigene Knoblauchrezepte. Interessant ist, daß sich der Knoblauch als Gewürz nur bis Mitteldeutschland wirklich durchsetzte. Als Heilmittel ist er aber auch in Norddeutschland geschätzt.

Die moderne Forschung gliedert die verschiedenen Wirkungen des Knoblauchs in mehrere Bereiche.

◆ Die **Wirkung auf die Blutfette:** Im Jahre 1975 gelang den Wissenschaftlern Jain und Konar an mit Knoblauch gefütterten Kaninchen folgendes nachzuweisen: Der Grad an Arterienverkalkung war bei ihnen um 50 Prozent geringer als bei anderen Kaninchen, die keinen Knoblauch, sonst aber dasselbe, die Arterienverkalkung fördernde Futter erhielten. Kurz darauf konnte man feststellen, daß diese Wirkung auch beim Menschen eintritt: Erhöhte Blutfette und erhöhtes Cholesterin werden gesenkt, letzteres, nach längerer Einnahme, um bis zu 10 Prozent. Über einen anderen Wirkmechanismus wird auch die Fähigkeit des Blutes, Gerinnsel aufzulösen, gefördert. Und schließlich wird die nachteilige Eigenschaft der Blutplättchen, zu verkleben, gebremst.

◆ Die **Wirkung auf die Blutgefäße**: Das funktionelle Wechselspiel der kleinen Blutgefäße wird durch besondere Wirkstoffe des Knoblauchs gefördert. Herzkranzgefäße, Beingefäße, Augengefäße und Darmwurzelgefäße profitieren am meisten davon. Sie werden wieder belastungsfähiger, und ihre Elastizität nimmt zu. Wenn man den Knoblauch für die Blutgefäße einsetzt, muß man allerdings mit längeren Kuren rechnen: Ein halbes Jahr, wobei die Einzeldosen nicht groß sein müssen – es genügen eine bis zwei Zehen oder eine vergleichbare andere Darreichungsform pro Tag.

◆ Weitere Wirkungen des Knoblauchs: Solange sich der Knoblauch nach der Einnahme noch im Darm befindet, entwickeln seine Stoffe eine **antibakterielle Wirkung** – besonders gegen jene Keime, die abnorme Gärungsvorgänge verursachen. Eine weitere Wirkung richtet sich gegen Eingeweidewürmer. Die allgemeine **kräftigende Wirkung** macht sich besonders in der Erholungsphase nach Krankheiten bemerkbar. Dieser Effekt tritt meist schon nach kurzer Einnahme auf. Ältere Menschen sprechen überraschend gut auf diese einfache Therapie an. Auch Wechselbeschwerden werden gelindert, und das damit oft verbundene Zerschlagenheitsgefühl wird beseitigt. Schließlich hat man auch eine deutliche **entgiftende Wirkung** des

Knoblauchs festgestellt, sogar bei der chronischen Bleivergiftung.

Knoblauch gibt es heute in Form vieler Hausrezepte, aber auch in modernen Darreichungsformen: den Knoblauchkapseln. Das sind in der Regel Vollextrakte, die sofort nach der Ernte hergestellt werden. Da die Gelatinekapsel luftundurchlässig ist, bleiben die Wirkstoffe lange Zeit aktiv. Ansonsten nimmt ein Teil der Wirksamkeit bei länger gelagertem Knoblauch durch Sauerstoffeinfluß ab. Deshalb gibt es eine im Süden vielgeübte Form der Haltbarkeitsverbesserung: Das Einlegen von Knoblauchzehen in Öl – nun kann kein Sauerstoff einwirken. Es wird sogar berichtet, daß solcher Knoblauch durch einen Reifungsprozeß im Lauf der Jahre wirksamer wird. Ein besonderer Wirkstoff des Knoblauchs, sein Lauchöl, wird umgekehrt durch Lagerung an der Luft erst gebildet. Er hat blähungswidrige Eigenschaften.

Die üblichen **Dosen**: Zwei bis drei Zehen täglich oder zwei bis sechs Kapseln – entsprechend der auf der Packung angegebenen Empfehlung. Auch Frischpflanzensäfte sind im Handel erhältlich.

Sinngemäß wird der Knoblauch in Fertigpräparaten mit anderen Heilpflanzen kombiniert: mit Weißdorn, Mistel und dem gefäßabdichtenden Stoff *Rutin*, oder mit Mistel und Baldrian. In der Kombination mit dem entschlackenden Petersilienöl ist die Geruchsbelästigung weitgehend gebannt.

Bärlauch

Der Bärlauch

In vielen Bereichen wirkt er ähnlich wie der Knoblauch, besonders bei Gärungsprozessen im Darm. Die Wirkung auf die Blutfette und die Durchblutung aber ist nicht so ausgeprägt. Trotzdem eignet sich auch der Bärlauch als Vorbeugungsmittel gegen Gefäßverkalkung. Der Bärlauch wächst in schattigen Wäldern und macht sich durch seinen intensiven Knoblauchgeruch bemerkbar – ein wichtiges Unterscheidungsmerkmal gegen mögliche Verwechslungen (Maiglöckchen und Herbstzeitlose).

Man sammelt die Blätter und verwendet sie frisch als Gewürz. Auch ein Tee durch Überbrühen der frischen Pflanze ist möglich. Die getrockneten Blätter haben ihre wichtigsten Eigenschaften verloren. Es gibt Bärlauchtropfen (3mal 20 Tropfen pro Tag) und Frischpflanzensäfte. Man kann Knoblauch und den vom Geruch her weniger belästigenden Bärlauch abwechselnd verwenden.

Die verschiedenen Allium-Arten mit ihren botanischen Bezeichnungen

Knoblauch	Allium sativum
Bärlauch	Allium ursinum
Küchenzwiebel	Allium cepa
Winterzwiebel	Allium fistulosum
Schalotte	Allium ascalonicum
Perlzwiebel	Allium ampeloprasum
Schnittlauch	Allium schoenoprasum
Küchenlauch	Allium porrum

Sie alle gehören zu den als Gemüse- oder Gewürzpflanzen brauchbaren Liliengewächsen. Man sollte ausgiebig von ihnen Gebrauch machen, auch von den Arten, die (noch) nicht so berühmt sind wie der Knoblauch oder der Bärlauch. Die Forschung geht weiter, und es wäre keine allzu große Überraschung, wenn bei diesen Liliengewächsen noch die eine oder andere bisher unbekannte heilsame Eigenschaft entdeckt werden sollte.

Die Zwiebel

Als dritte Pflanze aus der Gattung der *Allium*-Gewächse wird die Zwiebel immer wieder als Mittel gegen Durchblutungsstörungen empfohlen. Die eigentliche wissenschaftliche Begründung steht teilweise noch aus – nach bisherigen Untersuchungen hat die Zwiebel keine dem Knoblauch oder Bärlauch vergleichbaren Gefäßwirkungen. Aber die Volksmedizin schreibt ihr herzstärkende und blutdrucksenkende Wirkungen zu.

Gegen Frostbeulen soll man den rohen Saft der Zwiebel oder der Winterzwiebel auftragen. Die Winterzwiebel oder Silberzwiebel ist der Küchenzwiebel nahe verwandt. Für Heilzwecke soll die rote Schalotte am besten geeignet sein.

Zwiebel

Die Artischocke

Wie der Knoblauch ist auch die Artischocke erst relativ spät nach Europa gekommen: Im 15. Jahrhundert, mit den Arabern erst nach Spanien und von dort in das übrige südliche Europa. Bald wurde ihr eine ganze Vielfalt von Wirkungen zugeschrieben – lange Zeit galt sie als Potenzmittel Nummer 1, und im 18. Jahrhundert erkannte man ihre Stärken bei Leber- und Gallenleiden. In Frankreich entstand eine eigene Artischockenheilkunde mit zahlreichen Anwendungsgebieten, darunter auch „Blutstau".

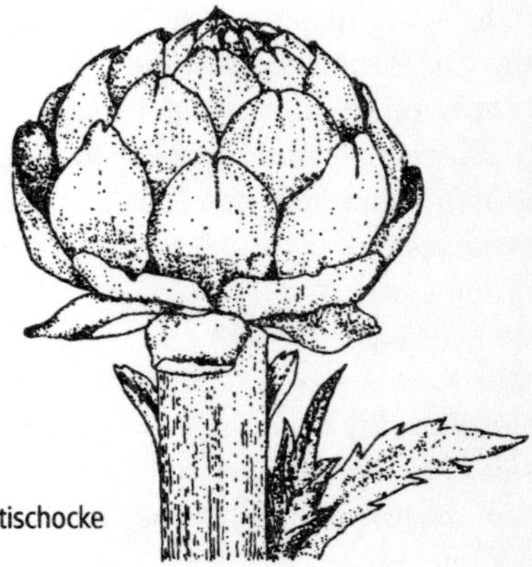

Artischocke

Die Artischocke besitzt zwei **Hauptwirkstoffe**:

- das *Cynarin,* welches erhöhte Blutfette und erhöhtes Cholesterin senken kann, sowie
- das *Cynaropikrin,* ein intensiver Bitterstoff, der neben seiner allgemein kräftigenden Wirkung auch Kreislauf und Durchblutung anregt.

Beide Stoffe sind vor allem in den Blättern der Artischocke gespeichert. Da auch der Gallenfluß durch sie angeregt und gleichzeitig das Cholesterin gesenkt wird, wird die Artischocke vielfach als Mittel zur Verhinderung der Gallensteinneubildung eingesetzt – unsere europäischen Gallensteine bestehen zum guten Teil aus Cholesterin. Auch der Leberstoffwechsel wird durch die Artischocke entlastet; man hat festgestellt, daß die regelmäßige Gabe des Extrakts der frischen Pflanze die Erholung geschädigter Leberzellen fördert und die Durchblutung der Leber anregt. Das erklärt den seit langem bekannten günstigen Einfluß der Artischocke auf Oberbauchbeschwerden, die von Störungen im Leber-Galle-Bereich hervorgerufen wurden. Aber auch die Wirkung auf die Fließeigenschaften des Blutes wird dadurch gesteigert: Eine gesunde Leber ist eine wichtige Voraussetzung für klaglose Verhältnisse im Fettstoffwechsel.

Die Anwendung

Die einfachste Form ist die Verwendung des Frischpflanzensaftes. Die möglichen Tagesdosen gehen von 2mal täglich einem kleinen Eßlöffel in etwas Flüssigkeit bis zu 80 Milliliter wie bei der Heikenberger Molke-Kur (Seite 47). In diesem Fall verteilt man auf fünf bis sieben Dosen. Es gibt auch mehrere Arzneimittelspezialitäten, die Artischockenextrakt als Bestandteil enthalten – etwa gemischt mit Schöllkraut und Aloe oder Medizinalrhabarber. Eine besondere Kombination mit den Verdauungsfermenten *Pankreatin, Lipase* und einem blähungswidrigen Entschäumungsmittel wird hauptsächlich bei Verdauungsschwäche eingesetzt. Es gibt noch weitere sinnvolle Kombinationen, die in erster Linie die den Gallenfluß fördernde Wirkung der Artischocke nutzen.

Für die Verbesserung der Fließeigenschaften des Blutes ist der Frischpflanzensaft besonders praktikabel, denn man kann ihn mit dem Saft aus anderen Frischpflanzen (zum Beispiel Knoblauch, Bärlauch, Weißdorn, Mistel usw.) sinnvoll und zugleich abwechslungsreich kombinieren.

Der Borretschsamen

Unser Borretsch, besser bekannt als Gurkenkraut, zählt zu den althergebrachten Heilmitteln. Die Haupteinsatzgebiete waren der Husten und die nervösen Herzbeschwerden. Im 16. Jahrhundert schreibt der Kräuterspezialist Petrus Andreas Mattiolus – er war Leibarzt von Kaiser Ferdinand I. – über den Borretsch: „Die holdseligen Boragoblumen stercken das Hertz / und Hirn / erwecken die verzagten menschen zur frewd und leichtsinnigkei / leutern das geblüt". Die moderne Pflanzenheilkunde hat den Borretsch dann ein wenig vergessen und ihn mehr in die Küche verbannt, obwohl immer wieder von einer besonderen Wirkung des Krautes bei Verstimmungszuständen im Wechsel berichtet wurde.

✉ Mir haben Borretschölkapseln gegen meine kreislaufbedingten Kopfschmerzen geholfen. Auch mein Gedächtnis, das mich früher oft im Stich gelassen hat, ist jetzt viel besser geworden. Ohrensausen oder Kopfrauschen gibt es auch nicht mehr.

(Maria Unterweger, Klagenfurt)

Tatsächlich ist im Rahmen der Forschung ein neuer Aspekt aufgetreten: Man hat im Samen des Borretschs eine besonders hochwertige Fettsäure gefunden, die *Gamma-Linolensäure*, die zu 25 Prozent im Borretschöl enthalten ist. Diesen außergewöhnlichen Stoff gibt es auch im Samen der Nachtkerze (zu 8,5 Prozent) und in der Muttermilch, dort allerdings in verschwindend kleinen Mengen. Diese Gamma-Linolensäure spielt

Borretsch

eine wichtige Rolle bei der körpereigenen Bildung eines wichtigen Gewebshormons, des *Prostaglandin E_1*, das für unseren Zellstoffwechsel und gegen bestimmte Störungen eine beachtliche Aktivität entfalten kann:

- Wenn ausreichende Mengen an Prostaglandin E_1 vorhanden sind, wird erhöhtes Cholesterin normalisiert. Umgekehrt steigt bei Mangel an Prostaglandin E_1 der Cholesterinspiegel im Serum an.
- Durch das Prostaglandin E_1 wird das Herz-Kreislauf-System positiv beeinflußt. Die Gleitfähigkeit des Blutes wird verbessert, das Verklumpen von Blutplättchen wird gebremst. Zugleich werden die wichtigen blutzuführenden Gefäße erweitert. Dies spielt natürlich bei den Herzkranz- und Hirngefäßen eine große Rolle, aber es wurden auch Erfolge bei Gefäßverengungen wie dem Raucherbein beschrieben.
- Weitere Wirkungen: Normalisierung der Talgbildung – Besserung von Akne, besonders wenn gleichzeitig mit Borretschöl- oder Nachtkerzenölkapseln genügend Zink zugeführt wird (tierische Nahrungsmittel, Getreidekeime). Beruhigende Wirkung auf die Nerven – besonders beobachtet bei Kindern vom Typ des „Zappelphilipp".
- Besserung der unangenehmen Symptome beim sogenannten prämenstruellen Syndrom der Frau, d. h. den körperlichen und seelischen Problemen, die zwischen dem 14. und 2. Tag vor der monatlichen Regelblutung auftreten können: Reizbarkeit, Konzentrationsschwäche, auch vermehrte Unfallhäufigkeit; auch hier hat sich gezeigt, daß die Einnahme der Gamma-Linolensäure viele Schwierigkeiten beseitigen kann.

Normalerweise bildet unser Körper die Gamma-Linolensäure aus den mehrfach ungesättigten Fettsäuren (der *Linolsäure*) selbst. Oft aber ist der Umwandlungsprozeß behindert: bei Neigung zur Zuckerkrankheit, bei Zinkmangel, Vitamin-C- oder Vitamin-B3-Mangel, bei Alkoholgenuß oder auch aus hormonellen Gründen, wie eben bei den Frauen vor der Menstruation. Dann führt man den wichtigen Baustoff direkt zu.

Die übliche **Dosis** von Borretschölkapseln oder Nachtkerzenölkapseln: 1 bis 2 Kapseln 2 bis 3mal täglich zu den Mahlzeiten.

Der Wirkstoff ist nur im Samenöl der Pflanzen enthalten, nicht aber in den anderen Pflanzenteilen.

Die Fischöle

Fischöle waren ursprünglich ein Abfallprodukt bei der Erzeugung des Tierfutters Fischmehl, dem das Öl aus Haltbarkeitsgründen entzogen werden mußte. Man hat aber entdeckt, daß es sich bei diesem Abfallprodukt um ein in bestimmten Nährstoffen hochkonzentriertes Nahrungsmittel handelt. Dabei stand die Beobachtung Pate, daß die Eskimos wider Erwarten an keinen großen Herzkrankheiten leiden. Eskimos nämlich tranken bis zu einem Liter Fischöl am Tag – das ist aus der Zeit verbürgt, als sie noch nicht wie heute in unsere Zivilisation eingegliedert waren. Trotzdem kam es nicht zur Gefäßverkalkung. Der Grund liegt an der speziellen Verteilung der Fettsäuretypen des Fischöles: Die mehrfach ungesättigten Fettsäuren sind, völlig im Gegensatz zu den Fetten der Landtiere, ausgesprochen stark vertreten.

Man nennt die mehrfach ungesättigten Fettsäuren auch „Omega-Fettsäuren". Als solche sind sie, in Zusammenhang mit den Fischölen, in Presseberichten bekannt geworden. Der griechische Buchstabe Omega bedeutet dabei nichts anderes, als daß die Fettsäure ungesättigt ist, und zwar an einer oder mehreren Stellen ihres wie eine Perlenkette aufgereihten Moleküls, in dem Kohlenstoffatome die Perlen darstellen. *Omega-3-Fettsäuren* sind an drei Stellen der Kette ungesättigt. Es gibt sie im Borretschöl, im Nachtkerzenöl und eben auch im Fischöl.

Man hat also aus Lachsen, Heringen, Makrelen und vergleichbaren Fischen das Fischöl direkt gewonnen und in Gelatinekapseln abgefüllt. Solche Kapseln wurden jungen Männern zwei Wochen lang verabreicht (mit jeweils 0,2 Gramm Omega-3-Fettsäuren), und das Ergebnis soll beeindruckend gewesen sein: Das Blut wurde dünnflüssiger, die Durchblutung der wichtigsten kleinsten Gefäße dadurch verbessert, erhöhte Blutfette, aber auch erhöhter Blutdruck sollen sich normalisiert haben, und die Verklebungstendenz der Blutplättchen, die zu Gerinnseln führen kann, soll verringert worden sein. Das alles im Vergleich zu einer Kontrollgruppe von jungen Männern, die keine Fischölkapseln erhielten. Der Versuch wurde an der Klinik für physikalische Medizin der Universität München durchgeführt. Nach einer Mitteilung aus den USA soll sich durch Einnahme von Fischöl auch Migräne gebessert haben.

Nun bilden sich unter normalen Umständen die Omega-3-Fettsäuren im menschlichen Körper – ebenso wie die Gamma-Linolensäure (auch eine Omega-3-Fettsäure) aus dem Borretsch- oder Nachtkerzensamen (Seite 75 f) – selbst. Voraussetzung dafür ist allerdings, daß man sich genügend Grundmaterial aus Kernen, Keimen, Samen oder Nüssen bzw. deren schonend hergestellten Ölen holt. Für den sonst Gesunden sollten 10 Gramm der grundlegenden Omega-Fettsäuren (= mehrfach ungesättigten Fettsäuren) pro Tag genügen. Bei bestehenden Fettstoffwechselstörungen steigt der Bedarf an, ebenso in Zeiten der Belastung – körperlich, psychisch, bei Nikotin- oder Alkoholgebrauch, bei bestimmten Mangelzuständen oder in der Zeit vor der Monatsblutung der Frau. In diesen Fällen könnte man von Fischölkapseln Gebrauch machen. Die normale **Dosis** beträgt 2mal täglich 2 Kapseln.

Man kann natürlich auch vermehrt von geeigneten Fischen essen – Lachs, Hering, Makrele usw., also von Fischen mit mittlerem Fettgehalt. Ihr Anteil an Omega-Fettsäuren ist zwar gering: In 100 Gramm Fisch zum Beispiel sind es 2 Gramm, bei einem Gesamtfettanteil von 15 Gramm. Freilich ißt man dann das andere Fett auch mit – für einen Gesunden kein Problem, für einen Fettstoffwechselgestörten aber einzuberechnen. Auch den Natriumgehalt bei konservierten, gesalzenen oder geräucherten Fischen wird man berücksichtigen müssen. Trotzdem: Gezielter, regelmäßiger Fischgenuß ist ernährungsphysiologisch wertvoll.

Die Schwermetallbelastung (Blei, Quecksilber, Cadmium und Arsen) und die Belastung durch chlorierte Kohlenwasserstoffe spielen durch die Verschmutzung der Meere bei Fischen natürlich eine Rolle. Dabei sind manche Süßwasserfische und Fische aus küstennahen Gewässern gewöhnlich mehr belastet. Geringere Rückstände weisen Hering, Lachs, Kabeljau, Makrele, Sardelle, Sardine, Schellfisch, Scholle und Sprotte auf.

In der Bundesrepublik Deutschland liegt der jährliche Fischverzehr bei ca. 10 Kilogramm pro Kopf und Jahr (zum Vergleich: Bei Fleisch sind es 90 Kilogramm!).

Ein Übermaß an Fischöl kann auch schaden: Wohl hat man bei den Eskimos das Fehlen von Arterienverkalkung festgestellt, die Häufigkeit von Gehirnblutungen durch allzu dünnes Blut aber war erhöht. Wer also von den durchaus wertvollen Fischölkapseln Gebrauch macht, sollte sich an die angegebenen Dosen halten. Auch wer Blutverdünnungsmittel verschrieben bekommen hat, sollte sich mit seinem Arzt beraten.

Der Weißdorn

Seit einigen Jahren nehme ich regelmäßig abends 1 Eßlöffel Weißdornsaft für das Herz. *(H. Scholl, München)*

Der Weißdorn ist besonders in den letzten Jahren eingehend untersucht worden; man hat festgestellt, daß er auch bei langfristiger Anwendung völlig gefahrlos ist – seine Wirkung auf Herz und Kreislauf ist nicht sehr stark, aber anhaltend und ohne Nebenerscheinungen, wenn man die üblichen Dosen einhält.

Als Hauptwirkstoffe kennt man seit längerem die sogenannten *Bioflavonoide*, Stoffe, die unter anderem das Wachstum der wichtigen kleinen Gefäße anregen. Das ist beim Herzen älterer Menschen oft sehr wichtig, und deshalb hat man den Weißdorn auch als spezielles Heilmittel angesehen. Zudem wurde ein weiterer Stoff mit herzkräftigender Wirkung gefunden – er kommt aber nur in den Blüten vor; in den ebenfalls viel verwendeten Blättern und in den roten Früchten ist dieser Wirkstoff kaum vertreten.

Obwohl auch andere Blutgefäße (und nicht nur die Herzkranzgefäße) vom Weißdorn profitieren, steht die Anwendung als besonders gut verträgli-

Weißdorn

ches Herzmittel also nach wie vor im Vordergrund.

Die Einsatzgebiete

◆ Das „Altersherz" mit verminderter Durchblutung der Herzkranzgefäße. Nach längerer Einnahme eines Weißdornpräparates kommt es zu einer Erweiterung der Herzkranzgefäße und zu einer besseren Versorgung des Herzmuskels.

◆ Beim durch erhöhten Blutdruck belasteten Herz wirkt der Weißdorn kräftigend, so daß das Herz mit der notwendigen größeren Leistung besser zu Rande kommt. Eine blutdrucksenkende Wirkung aber hat der Weißdorn nicht. Hier muß man mit anderen Maßnahmen kombinieren – Ernährung, Umstellung der Lebensweise oder mit einem blutdrucksenkenden Medikament (in geeigneten Fällen auch mit der Mistel).

◆ Herzrhythmusstörungen. Vor allem bei der *Extrasystolie* (Herzstolpern) und bei Neigung zu übermäßiger Pulsbeschleunigung hat sich der Weißdorn oft bewährt. Die notwendigen Dosen sind hier höher als bei der Langzeitbehandlung des Altersherzens. Es gibt auch Weißdorn-Injektionen für solche Fälle, die dann der Arzt verabreicht.

◆ Die Nachbehandlung des Herzens nach Infektionskrankheiten, wie Lungenentzündung und Grippe. Die Erholungszeit wird oft merkbar verkürzt.

Obwohl der Weißdorn eine ungefährliche Pflanze ist, wird man sich, wenn man ihn zur Behandlung eines Herzschadens verwenden will, mit seinem Arzt beraten. Wie bei allen milden Heilpflanzen gibt es eine Grenze, ab der der Weißdorn für sich allein zu schwach ist. Man kann ihn aber mit anderen Herzmitteln, zum Beispiel mit Digitalis (Fingerhut), durchaus kombinieren. Ob das möglich und sinnvoll ist, kann natürlich nur ein Fachmann abschätzen.

Die Anwendung

Die übliche Darreichung erfolgt mit Weißdorntropfen, einem Totalextrakt: 2mal täglich 20–30 Tropfen bei Altersherz, 3mal 40 Tropfen bei Extrasystolen; im Bedarfsfall auch bis zu 2 Teelöffel als Einzelgabe. Eine weitere Steigerung ist zwar noch nicht giftig, bringt aber keine bessere Wirkung. Diese Tropfen werden in etwas Wasser gelöst.

Eine weitere Darreichungsform ist **Weißdorn-Frischpflanzenpreßsaft**. Von ihm nimmt man (wenn auf der Pakkung nicht anders vermerkt) anfangs 2mal täglich 1–2 Eßlöffel, nach einigen Wochen 2mal täglich 2 Eßlöffel als Dauerbehandlung. Überhaupt ist der Weißdorn ein Mittel mit Langzeitwirkung. Ein schnell eintretender Effekt ist nur bei Herzstolpern oder Herzjagen zu erwarten, wozu man allerdings relativ hohe – die doppelten – Dosen benötigt.

Es gibt eine Reihe von **Fertigpräparaten** mit Weißdorn im Gemisch mit anderen Pflanzen und Stoffen, wie Herzgespann, Rosmarin, Oleander, Maiglöckchen, Cactus, Nitroglycerin, aber auch mit Digitalis. Den Überblick für die Wahl der richtigen Kombination hat nur ein Arzt.

Auch der **Weißdorntee** ist nach wie vor beliebt. Man verwendet die Blüten, die Blätter oder ein Gemisch beider Pflanzenteile.

✂ Eine Mischung mit Hopfen und Mistel: **Weißdornblüten, Hopfenzapfen, Mistelkraut** zu gleichen Teilen. **Zubereitung** durch Überbrühen: 2 Teelöffel mit 1 Tasse siedenden Wassers aufgießen, 15–20 Minuten zugedeckt ziehen lassen; um einen ausreichenden Wirkstoffgehalt zu erzielen, läßt man Teegemische mit Weißdorn länger als üblich ziehen. 2–3 Tassen über mehrere Monate. **Anwendungsgebiet:** Durch Spannungszustände und Verkrampfung ausgelöste Herzbeschwerden bei Neigung zu erhöhtem Blutdruck.

Roßkastanie

Die Roßkastanie

✉ Die besten Erfolge bei schlecht durchbluteten Beinen habe ich mit der regelmäßigen Anwendung von Kastanienblättertee: 1 Teelöffel fein geschnittene Kastanienblätter mit kochendem Wasser aufgießen. Ich trinke morgens und abends eine Tasse. Seither fühle ich mich auch sonst viel wohler.

(Octavia Zanin, Wien)

Die Roßkastanie ist das bekannteste pflanzliche Heilmittel für Venenerkrankungen: vor allem für venöse Durchblutungsstörungen in den Beinen, in zweiter Linie für Hämorrhoiden. Die Blätter und die Rinde finden häufig in der Volksmedizin Verwendung, die verschiedenen Venenmittel-Extrakte aber werden zum größeren Teil aus dem Samen (das ist die Kastanie) ausgezogen. Die Samen werden zur Gewinnung der Präparate speziell aufgearbeitet, um ihre Hauptwirkstoffe in nutzbarer Form zu erhalten. Das sind der Seifenstoff *Aescin* und das die Gerinnselbildung hemmende *Aesculin* – beide nach *Aesculus hippocastanum*, dem botanischen Namen der Roßkastanie, benannt. Dazu kommen die *Bioflavonoide*, eine Gruppe von hochwertigen Pflanzenstoffen, die neben einer ganzen Reihe von Schutzwirkungen für unseren Körper die besondere Eigenschaft haben, Blutgefäße richtig abzudichten.

Der Seifenstoff Aescin hat wie jede pflanzliche Seife die – bei normalen Dosen nicht sehr ausgeprägte – Eigenschaft, rote Blutkörperchen aufzulösen. Dies ist ein Hinweis darauf, daß man mit dem Gebrauch von Roßkastanienextrakten nicht übertreiben sollte: Die richtige Dosis bringt den erwünschten Effekt, Überdosen sind nicht nur sinnlos, sondern können sogar schaden.

Andererseits benetzt das Aescin in richtiger Dosis die Innenwand der Gefäße und erhöht dadurch ihre Gleitfähigkeit. Das ist ein sehr erwünschter Effekt. Die Schwellungen *(Oedeme)* in der Umgebung von gestörten Venen werden auf diese Weise leichter vom Gewebe in die Gefäße eingesogen. Deshalb bilden sich Stauungen in den Beinen – Knöchel, Wade, auch Oberschenkel – unter gezielter Gabe von Roßkastanienextrakten manchmal beachtlich zurück.

Eine Hauptwirkung von richtig dosierten Roßkastanienextrakten aber ist die Eigenschaft, Venenwände, die gerade im Anfangsstadium der Schädigung sind, wieder in Ordnung zu bringen, sofern allerdings die Tonisierbarkeit der Vene, d. h. ihre Fähigkeit, sich mit Hilfe der eigenen Muskelschicht zu verengen, noch erhalten ist. Ist diese Muskelschicht nicht mehr funktionstüchtig, dann hilft die Roßkastanie auch nicht weiter – zumindest nicht auf diesem Gebiet. Daher ist die Roßkastanie ein wichtiges **Vorbeugungsmittel**: Man muß sie einsetzen, wenn die Gefäßwandschädigung noch nicht zu weit fortgeschritten und deshalb noch behebbar ist.

Die Hauptwirkungen

◆ **Wiederherstellung der Tonisierbarkeit von Venen,** deren Gefäßwände noch nicht zu sehr geschädigt sind – das ist vor allem für jüngere Frauen wichtig. Es gibt eine Statistik: Frauen ohne Kind haben zu 21 Prozent Krampfadern, Frauen mit einem Kind zu 34 Prozent und Frauen mit zwei Kindern zu 42 Prozent. Wenn man die Entstehung von Krampfadern rechtzeitig abfängt, kann man auch ihre Ausbreitung einschränken. Natürlich nicht nur mit Roßkastanienextrakten – auch die übrige Lebensweise, die ballaststoffreiche Ernährung, Bewegung und Wasseranwendungen spielen hier eine große Rolle. Frauen also sollten sich schon in jüngeren Jahren den Zustand ihrer Venen regelmäßig kontrollieren lassen. Solange die Venen nicht allzusehr überdehnt sind, läßt sich auch mit einfachen Mitteln noch viel erreichen.

◆ **Beseitigung von Schwellungszuständen,** die durch eine erhöhte Durchlässigkeit der Venenwandung bedingt ist. Der Austritt von Teilchen der Blutflüssigkeit in das Gewebe wird verhindert. Wenn bereits Schwellungen an den Beinen bestehen, können sie durch die Gabe von Roßkastanienextrakten oft relativ schnell beseitigt werden. Natürlich steigt dann die Flüssigkeitsausscheidung durch die Niere in gleichem Maße an – ein Zeichen, daß für die Schwellung tatsächlich eine Venenschwäche verantwortlich war. Zugleich damit gehen Begleitsymptome wie Kribbeln an den Beinen oder ein Spannungsgefühl zurück. Auch Schwellungen nach Verletzungen lassen sich durch den Roßkastanienextrakt gut beeinflussen.

◆ Wenn bereits ein Unterschenkelgeschwür besteht, als Folge einer venösen Durchblutungsstörung, gehen die Entzündungserscheinungen schneller zurück, und die Ausheilung wird zumindest gefördert. Deshalb ist die Roßkastanie hier zumindest ein brauchbares **unterstützendes Heilmittel**.

◆ Bei **Hämorrhoiden** wirkt die Roßkastanie oft nicht so überzeugend. Der Grund dafür liegt in der unterschiedlichen Wandbeschaffenheit der beteiligten Blutgefäße. Hämorrhoiden haben auch Verbindungen zu den Arterien, und diese werden durch die Inhaltsstoffe der Roßkastanie wenig beeinflußt.

Die Dosierung bei innerlicher Anwendung

Gewöhnlich werden **Roßkastanienextrakte** verwendet. Es gibt sie in Form von Dragees oder Tropfen. Die Dragees sind meist auf 1–3 Stück, die Tropfen auf 2–3mal 20 täglich eingestellt. Die Produkte unterscheiden sich allerdings hinsichtlich ihrer Konzentration beziehungsweise Aufnahmegeschwindigkeit durch den Darm; man orientiert sich deshalb am besten an der angegebenen Verordnung. Injektionen verabreicht der Arzt. Sie wirken stärker und werden deshalb zur sogenannten Stoßtherapie verwendet. Die Dosierung muß allerdings streng eingehalten werden, da Überdosen (speziell bei der Injektion) bei vorgeschädigten Nieren Komplikationen verursachen können.

Wichtig zu wissen ist auch, daß Kinder Roßkastanienextrakte nicht so gut vertragen wie Erwachsene. Ob die Verwendung angebracht ist, soll ein Arzt entscheiden.

Manchmal wirkt der gewöhnliche Roßkastanienextrakt überraschend gut gegen nächtliche Wadenkrämpfe – wenn die Ursachen im Venenbereich liegen. Dann genügen 20–30 Tropfen in etwas Flüssigkeit direkt vor dem Schlafengehen. Es gibt zahlreiche **Mischpräparate:** Roßkastanie in Kombination mit Hamamelis, Mariendistel, dem gefäßabdichtenden Rutin, mit Schöllkraut, Weißdorn, Vitaminen usw. Dadurch wird das Anwendungsgebiet erweitert.

Die **Teezubereitung** ist in den Hintergrund getreten, ist aber durchaus möglich:

◆ Der Tee aus den Blättern: 1 Eßlöffel mit kochendem Wasser überbrühen, eventuell kurz kochen lassen, vom Herd nehmen und 10 Minuten ziehen. 2–3 Tassen täglich.

◆ Der Tee aus der Rinde: 1 Teelöffel fein geschnittener oder pulverisierter Rinde kalt ansetzen, kurz aufkochen lassen und abseihen. 1–3 Tassen täglich. Die Rinde wird von den 2–5jährigen Ästen im Frühjahr geerntet.

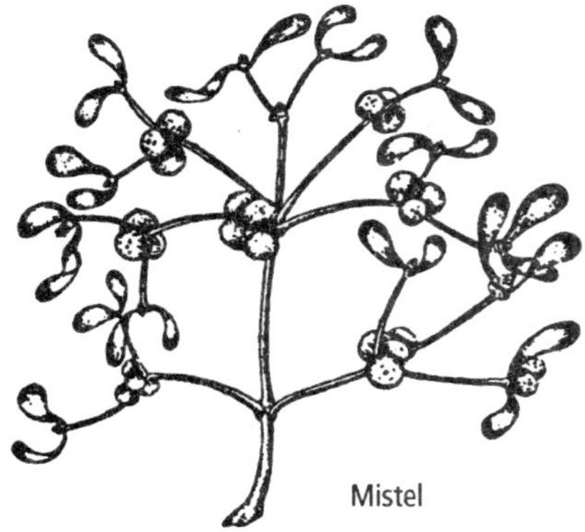

Mistel

Der Blätter- und Rindentee wird in der Volksmedizin auch gegen Bronchitis eingesetzt.

Die Mistel

Die Mistel ist ein auf allen heimischen Laubbäumen (Ausnahme: Buche) vorkommender Halbschmarotzer , auch auf Nadelbäumen gibt es zwei ihrer Unterarten.

Das Kraut gilt als zwar schwaches, in vielen Fällen aber zumindest unterstützend wirkendes Mittel gegen Bluthochdruck. Die Inhaltsstoffe besitzen sehr unterschiedliche Wirkungen: Der Vollextrakt aus dem Kraut kann als Tee oder Frischpflanzensaft vor allem im Grenzbereich bei Bluthochdruck eingesetzt werden (140–160). Auffallend ist, daß die Gabe von Mistel als Injektion eindeutig blutdrucksenkend wirkt – das konnte nachgewiesen werden und geht auf den Hauptwirkstoff *Viskotoxin* zurück.

Als Tee oder Frischpflanzensaft angewendet, kann dieses Viskotoxin jedoch nicht aufgenommen werden, da es in unserem Verdauungstrakt abgebaut wird und in brauchbarer Form gar nicht in das Blut gelangt. Trotzdem wird immer wieder von erfreulichen Resultaten berichtet: So sollen bei Mistelkuren durch Einnehmen Erfolge bei Bluthochdruck aufgetreten sein. Bei etwa jedem fünften Bluthochdruckkranken senken sich die Werte auf das normale Maß. Bei fast allen Patienten aber bessern sich die unangenehmen Begleiterscheinungen des Hochdruckes – Kopfdruck, Spannungsgefühl, Gleichgewichtsstörungen, Ohrensausen usw.

Man nimmt an (ohne es vorläufig beweisen zu können), daß die vielen anderen Inhaltsstoffe der Mistelblätter diese Wirkung in ihrer Gesamtheit entfalten. Da der Misteltee und -frischpflanzensaft unbedenklich sind, kann man einen Versuch durchaus riskieren. Freilich sollte man auch die übrigen Richtlinien für die Hochdruckbehandlung einhalten, vor allem auf dem Sektor Ernährung (Seite 49 ff).

Man hat auch festgestellt, daß (manchmal, nicht immer) durch gleichzeitige Mistelgabe die Dosis anderer blutdrucksenkender Mittel reduziert werden kann. Ob ein Einsparen oder ein Umsteigen auf mildere Blutdruckmittel auch wirklich möglich ist, wenn zugleich von der Mistel Gebrauch gemacht wird, kann nur ein Arzt entscheiden, der die notwendigen Kontrollen durchführt.

◆ Der **Misteltee:** 2 Eßlöffel Mistelkraut werden in 1 Viertelliter Wasser kalt angesetzt. 10–12 Stunden ziehen lassen, dann abseihen und in kleinen Schlucken trinken. Üblich sind 2 Tassen täglich. Die Abendtasse setzt man am Morgen an, die Morgentasse am Abend; auf diese Weise ist die Herstellung nicht aufwendig.

◆ Der **Frischpflanzensaft** wird aus den grünen Zweigen und den Blättern hergestellt. Man verwendet 2–3 Eßlöffel täglich, in Wasser oder Gemüsesaft verdünnt.

Die übliche Kurdauer für Tee oder Frischpflanzensaft beträgt 6–12 Wochen.

◆ Es gibt auch bei der Mistel mehrere **Fertigpräparate** mit anderen Heilpflanzen im Gemisch. Mit Weißdorn, Baldrian, Melisse usw.

Beim Misteltee oder beim Pflanzensaft sind keine Nebenwirkungen zu erwarten. Wohl aber bei der Injektion, die vielfach gegen bösartige Geschwülste verabreicht wird. Die hier wirksamen Stoffe sind die sogenannten Lectine, die mit der Wirkung gegen den Bluthochdruck nichts zu tun haben. Auch sie werden bei der Einnahme in Form von Tee oder Pflanzensaft im Darm zerstört und damit unwirksam.

Der Rosmarin

Der Rosmarin besitzt allgemeine anregende Wirkungen und wird gegen Schwächezustände, Ohnmachtsneigung und auch gegen Blutniederdruck verwendet. Sein Einsatzgebiet sind in erster Linie die jungen, blassen, hochaufgeschossenen Menschen, die zu Kreislaufversagen bei Lagewechsel oder bei psychischer Erregung neigen, und ebenso die älteren, meist eher hageren Menschen, die kreislaufbedingte Gleichgewichtsstörungen haben. Auch wenn äußere Einflüsse, wie Hitze, Kälte, Föhn und Überanstrengung, zu Unbehagen mit Blutdruckabfall führen, ist Rosmarin das geeignete pflanzliche Mittel.

Verwendet werden die Blätter. Sie enthalten den *„Rosmarinkampfer"* als Hauptwirkstoff, zudem eine ganze Reihe von verschiedenen Molekülen, die an der Vielfalt der Rosmarinwirkung beteiligt sind: blähungswidrig, magensaftanregend, den Gallefluß mild fördernd und die Durchblutung verbessernd. Deshalb

Rosmarin

wirken kleine Dosen Rosmarin bei älteren Menschen, die infolge mangelhafter Gehirndurchblutung Einschlafschwierigkeiten haben, oft sehr günstig. Dabei kommt man mit kleinen Dosen aus: 5 Tropfen eines Rosmarinpräparates auf ein Stück Zucker. Natürlich sind nicht alle Einschlafstörungen durch Mangeldurchblutung hervorgerufen.

Von Pfarrer Kneipp stammt der **Rosmarinwein.** In neuerer Zeit hat man entdeckt, daß bei einer Reihe von Heilpflanzen die Wirkung besser ist, wenn man sie in Südweinen auszieht. Durch den Alkohol und andere Stoffe der Südweine werden die Wirkmoleküle besser durch die Darmwand transportiert. Deshalb gibt es heute verschiedene Elixiere, bei denen die Alkoholdosis so bemessen ist, daß sie praktisch nicht schädlich sein kann (außer bei bestehenden Leberschäden, Bauchspeicheldrüsenschäden oder grundsätzlicher Alkoholunverträglichkeit). Solche Elixiere werden von älteren Menschen sehr geschätzt – natürlich sollte man die Dosis einhalten.

Für jüngere Menschen sind die **Rosmarintropfen** in der Dosis von 20–30 Tropfen auf Würfelzucker gerade richtig (bei Bedarf oder 2–3mal täglich als Kur). Solche Kuren sind in der Erholungsphase nach längeren Krankheiten sehr hilfreich, da hier ja oft die Kreislaufschwäche mit Blutniederdruck das vordergründige Symptom darstellt.

Natürlich kann man aus den Blättern auch den **Tee** zubereiten: 1–2 Teelöffel zerkleinerte Rosmarinblätter mit siedendem Wasser überbrühen, 15 Minuten gedeckt ziehen lassen, abseihen. 2 Tassen täglich, morgens und abends bei älteren Menschen. Am Vormittag und Nachmittag bei jüngeren Menschen (um die typischen Schwächephasen abzufangen). Eine andere Zubereitung, die das lange Ziehenlassen erspart: 1–2 Teelöffel Rosmarinblätter kalt ansetzen, zum Sieden erhitzen und sofort abseihen.

Der Rosmarin eignet sich sehr gut für **Gemische mit anderen Pflanzen**, die in ähnlicher oder unterstützender Weise wirken. Es gibt Fertigpräparate (Tropfen, Tabletten) mit Herzgespann, Rosmarin, Weißdorn und Wolfstrappkraut. Sie werden bei allgemein gefäßbedingter Schwäche verordnet, bei Herzkranzgefäßbeschwerden und bei Mitbeteiligung der Schilddrüse (Wolfstrappkraut).

Allerdings gibt es auch eine wichtige Gegenanzeige für Rosmarinblätter: Alle Zubereitungen sollten während einer Schwangerschaft nicht verwendet werden!

Das Herzgespann

Es hat den botanischen Gattungsnamen *Leonurus cardiaca* und ist auch als „Löwenschwanz" bekannt. In der Volksmedizin wird die Pflanze schon seit Jahrhunderten gegen Herzbeschwerden mit Schwächezuständen verwendet. Dabei ist eine das vegetative Nervensystem ausgleichende, dem Baldrian ähnliche und eine kräftigende, dem Rosmarin ähnliche Wirkung mit im Spiel.

Verwendet wird das blühende Kraut. Bei uns ist die Blüte im Hochsommer, Juli und August. Die Eigenschaften sind vielfältig, denn das Herzgespann kann offenbar den Blutniederdruck ebenso wie den Bluthochdruck ausgleichen, wenn, das scheint als Vorgabe zu gelten, die nervöse Komponente mitspielt. Streß kann ja, je nach Veranlagung, sowohl in die eine als auch in die andere Richtung belasten. Deshalb werden in den verschiedenen Schriften über das Herzgespann manchmal die aufhellenden und manchmal die dämpfenden Wirkungen stärker betont. Das Wort „Gespann" ist der mittelhochdeutsche Ausdruck für „Krampf". Damals wurde das Kraut auch in erster Linie gegen Herzkrämpfe eingesetzt. Auch bei Pulsbeschleunigung mit Blutdruckabfall ist eine milde, aber spezifische Wirkung zu erwarten.

Es gibt verschiedene Unterarten des Herzgespanns: Das wollige Herzgespann, welches vor allem gegen nervös bedingte Beschwerden wirkt, das sibirische Herzgespann mit Wirkung gegen Frauenleiden, eine indische Unterart, die gegen Magen- und Herzbeschwerden eingesetzt wird, und das bei uns übliche gewöhnliche Herzgespann, im Volksmund auch „Herzheil" oder „Herzgold" genannt. Diese Art ist bei uns im Handel.

Herzgespann

Die Hauptwirkungen

◆ Milde Kräftigung des Herzens und Senkung des erhöhten Pulses.
◆ Beseitigung von Krampfzuständen im Herzbereich.
◆ Normalisierung des durch nervöse Erregung veränderten Blutdrucks.

Die **Anwendung als Tee**: 2 Teelöffel Herzgespannkraut werden mit 1 Tasse siedenden Wassers überbrüht; 10 Minuten ziehen lassen, abseihen. Morgens und abends über Wochen und Monate hinweg eine Tasse.

Das Herzgespann ist in Kombinationspräparaten mitenthalten: Mit Weißdorn gegen Durchblutungsstörungen der Herzkranzgefäße, mit Weißdorn und Rosmarin zur Kreislaufkräftigung, bei vegetativer Schwäche und nach längeren Krankheiten.

Der Hafer

Hafer

Mit Baldrian, Melisse und Hopfen zählt er zu den Mitteln gegen nervös bedingte Kreislaufbeschwerden. Sie alle haben, im Unterschied zu den bisher besprochenen Pflanzen, keine direkte Wirkung auf unser Herz-Kreislauf-System, sondern beseitigen Störeinflüsse. Da unsere Durchblutung sehr von einem intakten Nervensystem abhängig ist, sind auch diese Mittel oft wertvoll.

Die Hauptwirkung des Hafers ist Kräftigung bei nervöser Erschöpfung, bei Nervenschwäche und Schlaflosigkeit infolge zwanghaften Grübelns über erlittenes Ungemach. Auch als allgemeines Aufbau- und Stärkungsmittel nach Erkrankungen ist der Hafer bewährt: Für Kneipp war er in dieser Hinsicht das wichtigste Mittel überhaupt. Während Kneipp jedoch das Hafergetreide als Abkochung und mit Honig verwendete, sind die Zubereitungen für unseren Zweck aus dem grünen, blühenden Haferkraut hergestellt.

Der **Tee**: 1 gehäufter Eßlöffel Haferkraut wird mit 1 Viertelliter siedenden Wassers überbrüht. 15 Minuten ziehen lassen, abseihen. Zweimal täglich eine Tasse.

Es gibt mehrere Extrakte und Dragees mit Hafer im Gemisch. Eine gewöhnliche Hafertinktur wird durch Ansetzen von 100 Gramm Haferkörnern in 40%igem Weingeist hergestellt. Die häufigste Anwendungsform aber sind die homöopathische Urtinktur und verschiedene Dilutionen (Seite 98).

Der Baldrian

Baldrian

Der Baldrian ist eines der bekanntesten Pflanzenheilmittel überhaupt. Verwendet wird der Wurzelstock, der eine Reihe von Wirkstoffen mit zum Teil unterschiedlichen Effekten enthält. Deshalb ist auch die Wirkung der verschiedenen Baldrianzubereitungen verschieden:

Als Hauptwirkstoffe enthält die Baldrianwurzel die beruhigende Valerensäure, die krampflösend, muskelentspannend und die Blutgefäße erweiternd wirkt, sowie die Valepotriate, die neben einer ausgleichend beruhigenden auch eine anregende Wirkung besitzen. Sie werden bei Konzentrationsschwäche eingesetzt, da sie den Gefäßtonus kräftigen. Die Gesamtwirkung der Baldrianwurzel geht aus der Kombination dieser verschiedenartig wirkenden Stoffe hervor. Ihr Haupteinsatzgebiet:

- Nervöse Erregungszustände,
- nervöses Herzklopfen,
- nervöse Schlaflosigkeit, besonders infolge Erwartungsangst, d. h. gedankliches Nachgrübeln über den nächsten Tag (im Unterschied zum Hafer, der besser bei Nachgrübeln über den vergangenen Tag wirkt).

Die Valepotriate mit der teilweise anregenden Wirkung werden in Extrakten und Dragees für sich allein angeboten – also ohne die Valerensäure. Das hat seinen Sinn, denn auf diese Weise fällt die tagsüber meist nicht erwünschte einschläfernde Wirkung fort. Ihr Anwendungsgebiet:

- Übererregbarkeit mit Denkhemmung am Tag,
- Angst- und Spannungszustände,
- Denkhemmung, auch bei Durchblutungsstörungen im Gehirn.

Die Namen *Valerensäure* und *Valepotriate* leiten sich vom botanischen Gattungsnamen des Baldrians ab: *Valeriana*. Während die handelsübliche Baldrianwurzel und die Totalextrakte aus unserer heimischen *Valeriana officinalis* gewonnen werden, werden zur Valepotriat-Herstellung meist die in dieser Hinsicht gehaltvolleren mexikanischen oder indischen Baldrianarten verwendet.

Die Anwendung

Zur Entspannung und Beruhigung wird der **Tee** aus den Baldrianwurzeln durch Überbrühen oder als Kaltauszug genutzt.

◆ 2 Teelöffel feingeschnittener Baldrianwurzel werden mit 1 Tasse siedendem Wasser überbrüht, 15 Minuten gedeckt ziehen lassen, abseihen. Abends 1 Tasse, bei Bedarf auch tagsüber. Oder:

◆ 2 Teelöffel feingeschnittener Baldrianwurzel mit 1 Tasse kaltem Wasser übergießen. 10 Stunden stehen lassen. Bei nervösen Beschwerden je eine Morgen- und eine Abendtasse.

Die **Baldriantinktur** ist ein Vollextrakt aus der gewöhnlichen Baldrianwurzel. Sie enthält nur geringe Mengen an Valepotriaten, da diese sich erst bei der Aufbereitung der Wurzel bilden. Daher ist ihre Wirkung eher beruhigend. Die Dosis: 1 Teelöffel in Wasser oder Tee.

Die Valepotriate. Es gibt eigene Präparate als **Dragees** oder **Kapseln.** Sie wirken gegen den Tages-Streß. Erhältlich sind sie in Apotheken.

Die **Mischpräparate** mit Melisse, Hopfen, Mistel, Weißdorn, Johanniskraut usw. erhält man ebenfalls in Apotheken. Sie sind in der Regel valepotriatfrei: Es überwiegt die beruhigende Wirkung. Welche Kombination im persönlichen Fall vorteilhaft ist, kann am besten ein Arzt beurteilen.

Die Melisse

Die Melisse ist ein bei vegetativ oder psychisch ausgelösten Herz- und Kreislaufbeschwerden sehr bewährtes Mittel. Man kann sie als **die** Pflanze für den nervenschwachen, überbesorgten Menschen bezeichnen. Im Vordergrund steht die beruhigende und krampflösende Wirkung. Doch hat die Melisse auch die Fähigkeit, ähnlich wie ein synthetisch-chemisches Beruhigungsmittel unser Gehirn gegen intensive Einflüsse von außen zu schützen. Sie wirkt natürlich nicht so stark wie diese, aber oft genug ausreichend, und bringt vor allem nicht die Gefahr der Gewöhnung mit sich. Solche Einflüsse können Kreislaufversagen, Herzbeschwerden, Blutdruckkrisen, Durchfälle, Verstopfung, Magenbeschwerden usw. auslösen – wenn man dazu neigt. Deshalb bezeichnet man die Melisse auch als Heilkraut für die „Mimosen" unter uns.

Die Inhaltsstoffe

Die Inhaltsstoffe der Melisse sind verschiedene Duftöle, die im Komplex wirken. In ähnlicher Weise kommen diese auch im indischen Citronellgras vor, aus dem der Karmelitergeist hergestellt wird. Die Wirkung entspricht dem des Original-Melissengeistes. Diese beiden

Klosterfrauen-Destillate sind auch die praktikabelsten Anwendungsformen der Melisse.

Die Wirkung

Die Wirkungsweise der Melisse bzw. des indischen Citronellgrases ist gut untersucht. Schon über die Geschmacksnerven wird jenes Hirnareal, das wie ein guter oder schlechter Filter Reize von außen abwehrt oder passieren läßt, in seiner Funktion gefestigt. Reize „von außen" kommen nicht nur aus der Umwelt; sie können auch vom Inneren unseres Körpers zum Gehirn gelangen und unliebsame Reaktionen auslösen – die nächtliche Blähung, die Angstträume mit Herzjagen, Kreislaufversagen und Schweißausbruch verursachen kann, wäre ein Beispiel dafür. **Die Melisse schirmt ab,** das ist ihre Hauptwirkung; woher immer die Belastung zum Filter kommt, sie reguliert an dieser wichtigen Stelle und dämpft sinnlose Überreaktionen ab. Davon profitieren die körperlichen Systeme, die am deutlichsten auf Streß (= Reiz) reagieren, am meisten. Das sind unser Herz-Kreislauf-System, das Hormongeschehen, die Arbeit der Verdauungsorgane, aber auch Mechanismen wie die Abgabe von Fettpartikelchen in das Blut.

Die Melisse ist also eine sehr brauchbare Heilpflanze, vielleicht etwas unterschätzt, weil es synthetisch-chemische Mittel gibt (die *Benzodiazepine*), die im Prinzip über denselben Weg, aber prompter wirken. Gesünder ist aber die Melisse.

Die Anwendung

Der **Tee** wird durch Überbrühen hergestellt. 2 Teelöffel fein geschnittene Melissenblätter werden mit 1 Tasse siedenden Wassers überbrüht, 10 Minuten gedeckt ziehen lassen, abseihen. Trinkwarm in betont kleinen Schlucken aufnehmen, damit die Wirkstoffe ausreichend mit dem Gaumen in Berührung kommen. Man kann in Zeiten größerer Belastung Kuren mit 2–4 Tassen täglich durchführen; an sich aber ist die Melisse ein Mittel für den unmittelbaren Bedarf.

Der Klosterfrau-**Melissengeist** und der **Karmelitergeist** werden in Dosen

Melisse

von 5–30 Tropfen verwendet, auf Zukker oder in Flüssigkeit. Der Klosterfrau-Melissengeist ist ein Destillat, der Karmelitergeist ein Gemisch von verschiedenen Duftölen mit Alkohol.

In verschiedenen **Fertigprodukten** ist die Melisse mitenthalten; mit Passionsblume, Baldrian, Johanniskraut usw.

Es gibt auch **Frischpflanzenpreßsäfte.** Die Dosis: 1–3mal täglich 1 Eßlöffel.

Eine sehr bewährte Mischung aus den drei bisher besprochenen Pflanzen mit dem Hopfen als Zusatz zeigt das im nebenstehenden Kasten angegebene Rezept. Die Mischung fördert das Einschlafen und das Wiedereinschlafen bei nächtlichem Erwachen. Am Tag genommen, beruhigt sie, macht aber nur selten schläfrig. Der Alkoholgehalt beträgt pro Dosis ca. 1 Gramm, ist also sehr gering. Für Menschen, die Alkohol grundsätzlich nicht vertragen, ist die Mischung natürlich nicht geeignet. Man kann aber Hafer, Baldrian, Melisse, Hopfen, zu gleichen Teilen und durch Überbrühen zubereitet, auch als Teegemisch benutzen.

Bestandteil	**Menge Milliliter**
Hafer-Urtinktur (Avena sativa)	30,0
Baldriantinktur (Tinctura Valerianae)	70,0
Melissengeist (Spiritus Melissae)	70,0
Hopfenextrakt (Extractum Lupuli)	70,0
Gemisch	**240,0** (= ca. 1/4 Liter)

Davon nimmt man einen Teelöffel in etwas Flüssigkeit, wie Wasser, Mineralwasser, Gemüsesaft oder Tee. Ein halbes Glas Flüssigkeit genügt, denn die Duftstoffe sollen in guter Intensität auch auf den Gaumen wirken. In kleinen Schlucken trinken.

Der Hopfen ergänzt vor allem bei älteren Menschen die Gesamtwirkung. Verwendet werden die Hopfenzapfen, aus denen auch der Extrakt hergestellt wird. Sie enthalten unter anderem sogenannte pflanzliche Hormone, das sind Stoffe mit hormonähnlicher Wirkung – besonders bei Wechselbeschwerden der Frauen ist eine gute Wirkung zu erwarten (eine notwendige Hormontherapie ersetzt der Hopfen allerdings nicht). In gewissem Sinn aber stellt er den Übergang zu den eigentlichen Geriatrika dar, den Mitteln gegen altersbedingte Beschwerden.

Die Geriatrika

Unter *Geriatrika* versteht man Mittel, die den Alterungsprozeß verzögern oder sogar teilweise rückgängig machen können. Sie spielen eine große Rolle im Angebot der pharmazeutischen Industrie, ihre tatsächliche Wirksamkeit ist ein wenig umstritten – besonders wenn das Wiedererlangen von Jugendfrische und Potenz durch den Gebrauch der einen oder anderen Spezialität behauptet wird.

Hier bringen die Gegner der Vorstellung, man könne einen Organismus „verjüngen", das Argument vor, die Nachfrage sei so groß, daß Scharlatanerie geradezu herausgefordert werde. Das Argument stimmt, es gibt auf dem freien Markt echte, das heißt beabsichtigte Schwindelprodukte, die auf eine gewisse psychische Überzeugungswirkung und auf die Tatsache bauen, daß sich ein betrogener Senior nicht gleich beschwert, sondern die Enttäuschung wegschluckt. Solche Schwindelprodukte werden gewöhnlich auf dem Versandweg angeboten.

Es gibt aber auch Geriatrika, die mit wissenschaftlichen Methoden untersucht und für gut befunden wurden. Einige von ihnen haben überlebt. Der Knoblauch gehört dazu, oder der Steirische Kürbiskern. Als zumindest vorbeugende Mittel sind sie wenig bestritten. Dies gilt auch für einige andere Spezialitäten, deren verjüngende Wirksamkeit in wissenschaftlichen Studien relativ glaubwürdig nachgewiesen wurde. Das sind der Ginkgo, das Kleine Immergrün, der Brennesselsamen und das Procain.

Der Ginkgo

Es gibt die Vorstellung, man bleibe beim Älterwerden gerade so leistungsfähig, frisch und vital, wie es die Blutgefäße erlauben; wenn diese genug Elastizität besitzen und für genügend Durchströmung der Organe mit Sauerstoff und mit nährstoffreichem Blut sorgen können, dann ist man selbst als Senior voller Elastizität und Spannkraft. Obwohl wir heute wissen, daß diese Vorstellung zu einseitig ist (weil das Nachlassen der Kräfte auch von anderen Umständen abhängig ist, und nicht von den Blutgefäßen allein), spielen die durchblutungsfördernden Geriatrika in der praktischen Anwendung doch eine bedeutsame Rolle. Sie werden recht häufig verordnet, wobei viele Senioren gar nicht wissen, daß die Tropfen oder Dragees, die sie zur Verbesserung der Durchblutung einnehmen, nichts anderes sind als Extrakte von bekannten Pflanzen wie dem japanischen Ginkgo.

Als Baum ist er als einziger überlebender Vertreter einer großen Pflanzenfamilie, die es vor Millionen Jahren in vielen Arten auf der ganzen Erde weit verbreitet gab, eine botanische Berühmtheit. Alle anderen sind seit langem ausgestorben, so daß der Ginkgo als letzter seiner Familie allein dasteht und mit anderen Bäumen nicht einmal ent-

Ginkgo

fernt verwandt ist. Im Jahre 1730 wurde der Ginkgo zu uns gebracht, der europäische Urvater steht im Heidelberger Schloßgarten und wurde schon von Goethe bewundert: im „Westöstlichen Diwan" bezeichnet er ihn wegen der Form seiner Blätter als „Symbol der Einheit in der Zweiheit".

Die Blätter sind auch die Träger der Wirkstoffe. Sie werden mit denen des Weißdorns verglichen, ihre Hauptwirkung richtet sich aber gegen Durchblutungsstörungen im Gehirn, in den Beinen und den Armen. Der Ginkgo-Extrakt aus den Blättern verbessert die Fließgeschwindigkeit des Blutes in den wichtigen kleinen Endgefäßen. Es gibt Untersuchungen, nach denen unter dem Einfluß von Ginkgo-Extrakten der Nährstoffgehalt im Gehirn, gemessen an der Glucose und an wichtigen Enzymen, ansteigt, und der Abfluß zugleich erleichtert wird. Nach kurmäßiger Einnahme werden das Kurzzeitgedächtnis, die Konzentrationsbereitschaft und das allgemeine Leistungstempo älterer Menschen angeregt. Die Hirnleistung bessert sich bereits nach drei Wochen, die Fließeigenschaften des Blutes nach drei Monaten.

Die **Anwendungsmöglichkeiten**: Tropfen (3mal täglich 15–20), Dragees je nach Verordnung und Injektionen, die der Arzt verabreicht.

Das Kleine Immergrün

Das Kleine Immergrün ist eine heimische Pflanze, die von der Volksmedizin schon seit langem eingesetzt wird. Sein Gattungsname *Vinca minor* entspricht seinen Eigenschaften (lat. *vincere* = besiegen). In alten Kräuterbüchern ist das Kleine Immergrün auch als „Sieger über Kopfschmerz und Schwindel" beschrieben. Wie beim Ginkgo verwendet man die Blätter, in denen man den Hauptwirkstoff *Vincamin* entdeckt hat.

Seine Wirkungen betreffen in erster Linie das Gehirn: Verbesserung der Durchblutung, was man an der Erhöhung des Sauerstoff- und Nährstoffumsatzes direkt messen konnte. Sehr deutlich haben sich in Untersuchungen die Beschwerden der leichten und mittelschweren Gefäßverkalkung gebessert: Gedächtnisschwäche, Reizbarkeit, Unruhe, Schwindel und Kopfschmerzen. Auch die Durchblutung der geschädigten Netzhaut des Auges sowie Altersschwerhörigkeit verbessern sich.

Es gibt zahlreiche wissenschaftliche Arbeiten, in denen diese Wirkungen beschrieben werden. Ebenso wie beim Ginkgo setzt der Effekt allerdings erst frühestens nach drei Wochen, meist erst nach sechs Wochen ein. Man muß also Geduld haben. Andererseits gilt das Kleine Immergrün ebenso wie der Ginkgo als praktisch nebenwirkungsfrei, so daß auch gegen längere Kuren keine Bedenken vorliegen.

Es gibt Tabletten, Dragees, Kapseln, Tropfen und auch Infusionszubereitungen.

Der Brennesselsamen

Der Brennesselsamen gilt als eines der ältesten und meistbewährten Mittel zur Steigerung von Kraft und Leistung. Die Volksheilkunde hat hier besondere Erfahrung nicht nur beim Menschen, sondern auch bei den wertvollsten Haustieren gesammelt: Wenn man Kühen, Ziegen und Schafen Brennesselsamen in das Futter mischte, dann stieg die Milchleistung an; Hühner erhöhten die Legeleistung, und die Eier waren von besserer Qualität. Pferde wurden feuriger und kraftvoller, was man auch äußerlich beobachten konnte: Nach einer Brennesselsamenkur war das Fell glänzend und sah wie jugendfrisch aus, was die „Roßtäuscher", betrügerische Pferdehändler, – wie die Gabe von Arsen – auch ausnutzten. Während aber durch Arsen die Pferde nur zu einer kurzdauernden Blüte mit schnell anschließendem Zusammenbruch gedopt wurden, ist die Wirkung des Brennesselsamens viel natürlicher. Deshalb wird er auch als ein „Biostimulans zur Steigerung der (normalen) Lebensvorgänge" bezeichnet.

„Samen" bedeutet hier genaugenommen „Früchte", da der verwendete Pflanzenteil die ganze Brennesselfrucht mit dem in ihr liegenden Samen ist. Aber auch in der Apothekersprache spricht man ebenso häufig von *„Semen Urticae"* wie vom richtigeren *„Fructus Urticae"*.

Die **wirksamen Inhaltsstoffe** sind nur in den reifen Früchten enthalten, die im Spätsommer erntebereit sind. Das Einbringen allerdings ist schwierig: Man muß die ganze reife Pflanze auf ein Stück Papier legen und sammelt die von selbst

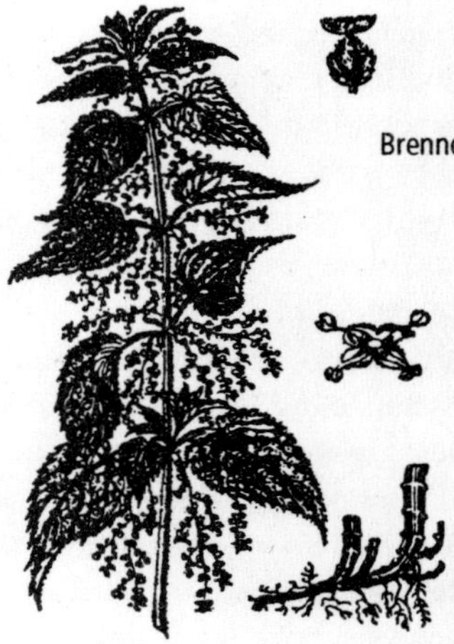

Brennessel

abfallenden Früchte ein. Die Wirkstoffe bezeichnet man als *„Phytohormone"* und *„Phytostimulantien"*. Sie sind allgemein kräftigend und sollen den verjüngenden Effekt bewirken.

Der **Tee** aus Brennesselsamen wird selten verwendet, kann aber leicht hergestellt werden: 2 Teelöffel gequetschter Brennesselsamen werden mit 1 Viertelliter Wasser kalt angesetzt, zum Sieden erhitzt und kurz kochen gelassen. Dann läßt man 10 Minuten gedeckt ziehen. Man nimmt 2 Tassen täglich zu den Hauptmahlzeiten.

Üblicher ist das **Brennessel-Elixier**, ein Auszug in Südwein. Die richtige Dosis: 1 Eßlöffel bis maximal 1 Sherryglas (50 Milliliter) zu den Mahlzeiten.

Das Procain

Das Procain spielt in unserer Medizin eine besondere Rolle, da es nicht weniger als dreimal die therapeutische Landschaft nachhaltig und durchaus positiv beeinflußt hat: 1905 wurde es als örtlich betäubendes Mittel entdeckt, das ähnlich, aber nicht so nachteilig wie das Rauschgift Cocain wirkt. 1928 schrieben die Brüder Ferdinand und Walter Huneke über „Unbekannte Fernwirkungen der Lokalanästhesie" – das war die Geburtsstunde der Neuraltherapie. Und nach dem zweiten Weltkrieg beobachtete die Leiterin des Geriatrie-Instituts in Bukarest, Professor Ana Aslan, daß Alterserscheinungen auffallend zurückgingen, wenn sie ihre Patienten regelmäßig mit Procain behandelte. Von Frau Professor Aslan wurden vor allem folgende Wirkungen des Procains beschrieben:

- Besserung der allgemeinen Stimmungslage,
- Zunahme der Muskelkraft,
- zunehmende Gelenkigkeit,
- Glättung der Haut, Dunkelwerden der Haare,
- Zunahme der Potenz.

Bei Überprüfungen wurde allerdings festgehalten, daß das Procain viel zu rasch aufgespalten wird, so daß es, in Form einer Kapsel eingenommen, erst bei sehr hohen Dosen wirksam werden kann. Deshalb fügte man den Wirkstoff Hämatoporphyrin bei, um die vorzeitige Zerlegung des Procains im Dünndarm zu verhindern. Die Kombination Procain-Hämatoporphyrin ist eine heute viel verwendete Darreichungsform im Sinne von Frau Professor Aslan. Das Hämatoporphyrin ist ein künstliches Abbauprodukt unseres Blutfarbstoffes und hat durchaus eigenständige Eigenschaften: Es wirkt als Kräftigungsmittel mit besonderem anregendem Effekt auf die Hirnanhangsdrüse.

Es gibt eine große Anzahl von wissenschaftlichen Untersuchungen, die die leistungssteigernde Wirkung von Procain-Hämatoporphyrin bei älteren Menschen bestätigen. Manche Prüfer, wie der englische Professor M. R. P. Hall aus Southampton, waren zunächst äußerst mißtrauisch eingestellt, wie sie selbst schreiben, und mußten sich von der Wirksamkeit des Procain-Hämatoporphyrin erst überzeugen lassen. Die meisten Untersuchungen bestätigen die Wirkung auf das Gedächtnis, die Muskelkraft und die „psychomotorische Aktivität" älterer Menschen. Es scheint etwas daran zu sein.

Der österreichische Spezialist Professor Ernst Pakesch schloß auf Grund seiner Untersuchungen auf eine gute vorbeugende Wirkung von Procain-Hämatoporphyrin gegen Gefäßverkalkung. Das ist sehr wichtig, denn vorbeugen ist immer besser als heilen. Es sind verschiedene Präparate mit Procain-Hämatoporphyrin am Markt, denen Mineralsalze oder Vitamine (A und E) zugesetzt sind.

Die übliche **Dosis**: 1 Kapsel zum Frühstück, über die Dauer von 5 Monaten.

Homöopathische Mittel und Durchblutung

Die Homöopathie versteht sich als umfassendes medizinisches System und hat daher auch Mittel für Kreislauf und Durchblutung anzubieten. Die Erklärung der Wirkung dieser Mittel muß allerdings völlig anders dargestellt werden als bei den im vorhergehenden Kapitel beschriebenen Heilpflanzen. Obwohl es in der Praxis Überschneidungen gibt, haben die *Phytotherapie* (Heilpflanzenkunde) und die *Homöopathie* kaum Berührungspunkte, was die Vorstellungen vom Wirkstoff, vom Wirkmechanismus und von der Heilung betrifft.

Der deutsche Arzt Samuel Christian Hahnemann, der im Jahre 1796 die Homöopathie begründete, würde die Phytotherapie sogar zu den *allopathischen* Behandlungsweisen zählen. Das Wort „Allopathie" – Behandlung mit Gegenmitteln – hat übrigens auch Hahnemann geprägt (1842, als die Diskussionen längst entbrannt waren).

Einige Vorbemerkungen

Die Homöopathie behandelt nach dem Grundprinzip: „Ähnliches wird durch Ähnliches geheilt – *similia similibus curentur*." Ein krankhafter Zustand wird durch die Mittel zu beeinflussen versucht, die in großer Dosis ähnliche Symptome hervorrufen wie die bestehende Krankheit. Diese Mittel werden verdünnt und sollen nun ungiftig genug sein, um nicht zu schaden, aber potent genug, um den Anstoß zu körpereigenen Ausheilvorgängen zu veranlassen. Ein einfaches Beispiel zu dieser vereinfachten Beschreibung:

Das Tabakrauchen in der Überdosis verursacht Durchblutungsstörungen unter anderen an den Beinen: die sogenannte „Schaufensterkrankheit". Ein Tabakauszug in sehr starker Verdünnung, etwa eins zu einer Million, soll nun – in Form von 3mal 5 Tropfen oder Kügelchen täglich eingenommen – diese „Schaufensterkrankheit" günstig beeinflussen. Natürlich sollte man gleichzeitig mit der Zufuhr der Giftdosis (dem Rauchen) aufhören.

Denselben verdünnten Tabak aber kann man auch Patienten verordnen, die nie geraucht haben, wenn die Symptome ihres Leidens denen der Tabakvergiftung sehr ähnlich sind: bestimmte Formen von Kopfschmerzen zum Beispiel, oder momentane Attacken von Übelkeit mit Schwindel und Schweißausbruch.

Die Mittel der Homöopathie

Theoretisch gibt es in der Homöopathie so viele Mittel, wie es Menschen mal Krankheiten gibt. Denn das Symptommuster ein und derselben Krankheit ist bei zwei verschiedenen Menschen kaum völlig gleich, sondern wird durch persönliche Umstände, Anlage, Umgebung usw. abgewandelt. Deshalb ist das ideale Ähnlichkeitsmittel – das *Simile* schlechthin – im gleichen Maße unterschiedlich. Das wäre jedenfalls die Homöopathie in letzter Vollendung, entsprechend ihrer Grundvorstellung: Es gibt so viele homöopathische Varianten, wie es Symptomvarianten gibt. Für die Homöopathie gilt das Gesetz: „Heile durch Symptomähnlichkeit!"

Der nach homöopathischen Regeln vorgenommene Untersuchungs- und Befragungsweg zur Bestimmung des richtigen Mittels ist kompliziert. Man braucht eine fundierte homöopathische Ausbildung und sollte zugleich Allgemeinarzt sein – dann nämlich kann man auch abwägen, ob nicht eine andere medizinische Therapieform eher am Platz wäre. Tatsächlich sind über 4000 homöopathische Mittel erhältlich. Sie werden aus mineralischen, pflanzlichen, tierischen Substanzen, aber auch aus kranken Geweben und Absonderungen oder aus Umweltgiften hergestellt. In der Praxis sind etwa 200–300 Mittel in relativ häufigem Gebrauch.

Die Verarbeitung einer Substanz zum Homöopathikum

An erster Stelle steht dabei die *Arzneimittelprüfung (AMP)*. Es wird an gesunden Menschen das Symptommuster eines Mittels in der Überdosis bestimmt. Dann wird der mögliche Einsatz des Mittels in der homöopathischen Zubereitung festgehalten. Die Praxis ist nicht immer so präzis – es gibt unter den vielgebrauchten Homöopathika (im Sinn der homöopathischen Grundvorstellung) gut und weniger gut untersuchte (siehe Kasten).

Die Ausgangsmischung ist bei **löslichen** Substanzen die *Urtinktur* (Ø), ein alkoholischer Grundextrakt. Durch Verschütteln mit (meist) Alkoholzusatz werden stufenweise *Potenzen* hergestellt, wobei schrittweise Verdünnungen um das jeweils Zehnfache, sogenannte *Dezimalpotenzen*, entstehen, also 1:10, 1:100, 1:1 000 usw. Die Bezeichnung ist dann D1, D2, D3 usw. Die Zahl hinter dem D (der *Dezimale*) entspricht den Nullen hinter der 1. D6 ist also die Verdünnung der Urtinktur auf 1:1 000 000.

Zentesimalpotenzen sind die jeweilige Verdünnung durch Verschütteln auf 1:100, 1:10 000, 1:1 000 000, entspre-

Die Deutsche Homöopathieunion (DHU) bezeichnet die

Glaubwürdigkeit einer Arzneimittelprüfung

mit

AMP + eine gute Arzneimittelprüfung vorhanden
AMP + + zwei oder mehrere gute Arzneimittelprüfungen vorhanden
AMP (+) eine unvollkommene Arzneimittelprüfung vorhanden
AMP (+ +) eine oder mehrere unvollkommene Arzneimittelprüfungen vorhanden
AMP (–) keine Arzneimittelprüfung vorhanden

chend C1, C2, C3. Dies war die ursprüngliche Methode Hahnemanns, die auch heute noch Verwendung findet. Ihre Umrechnung ist einfach: C1 entspricht D2, C2 entspricht D4, C3 entspricht D6 usw. Lösliche homöopathische Mittel nennt man *Dilutionen.*

Eine andere Form ist die Herstellung von **festen** Homöopathika. Das geschieht bei unlöslichen mineralischen Substanzen, aber auch aus Urtinkturen löslicher Substanzen werden feste Homöopathika hergestellt. Dabei wird die Urtinktur mit Milchzucker oder Rohrzucker vermischt, bis eine feste Masse entsteht. Diese Masse ist das Ausgangsmaterial für weitere *Potenzierungen* durch Verreibung mit Zucker. Auch hier entstehen die Reihen D1, D2, D3 usw. Verreibungen nennt man auch *Triturationen.*

Schließlich gibt es auch an sich **unlösliche Mittel als Lösung**. Dabei wird meist die Verreibung D4 als Ausgangssubstanz für die Lösung genommen. Die erste flüssige Form dieses Mittels ist dann die D5.

◆ Die Potenzen von der Urtinktur (Ø) bis D4 nennt man *tiefe Potenzen,*
◆ D6 bis D12 *mittlere Potenzen,*
◆ ab D30 *Hochpotenzen.*

Das Wort „Potenz" rührt von der Vorstellung her, daß die Kraft (*Dynamis*) des Mittels zunimmt, während die Materie abnimmt. Die weitverbreitete Anschauung, daß homöopathische Mittel grundsätzlich ungiftig sind, stimmt nicht. Viele Tiefpotenzen können sogar sehr giftig sein! Beispiele sind: *Acidum hydrocyanicum* (Blausäure), *Aconitum* (Blauer Eisenhut), *Crotalus* (Klapperschlange), *Secale cornutum* (Mutterkorn), *Pulsatilla* (Wiesenküchenschelle) und *Lachesis* (Lanzenförmige Viper). Diese und andere Mittel werden wohl auch in giftigen Potenzen hergestellt, sind aber verschreibungspflichtig. Ohne Rezept erhält man sie erst ab der jeweils unbedenklichen Verdünnung.

Homöopathische Mittel haben in den letzten Jahren wieder vermehrt Einzug in Hausapotheken gefunden. Der Leser aber soll sich im klaren darüber sein, daß eine homöopathische Selbstdiagnose problematisch ist.

Seine eigene Persönlichkeit kann man oft schwer erfassen. Bei akuten Erkrankungen und prinzipiell bei Kindern sollte man einen Arzt konsultieren, der das richtige Homöopathikum (falls es überhaupt angebracht ist) ermittelt. Bei chronischen Beschwerden ist die Erstberatung und die regelmäßige Kontrolle durch den homöopathisch orientierten Arzt zumindest ein großer Vorteil.

Häufig verwendete Homöopathika bei Störungen von Kreislauf und Durchblutung

⌘ Die **Dosis** ist (wenn nicht anders angegeben) bei den folgenden Mitteln einheitlich.

◆ *Dilutionen* (flüssige Zubereitungen):
3mal täglich 5 Tropfen.
◆ *Triturationen* (feste Zubereitungen):
3mal täglich 5 Kügelchen *(Globuli)* oder
3mal täglich 1 Tablette oder
3mal täglich 1 Messerspitze Pulver.
Man nimmt die Mittel vor oder nach den Mahlzeiten. Flüssige Zubereitungen erst gut schütteln, dann die Tropfen auf den Handrücken träufeln und von dort mit der Zunge aufnehmen. Feste Zubereitungen läßt man auf der Zunge zergehen.

Bei nicht wenigen Homöopathika ist die **Injektion** besonders dann die beste Anwendungsart, wenn man das Mittel an einem Akupunkturpunkt *(Weiheschen Punkt)* oder im Sinn der Neuraltherapie verwendet. Das macht natürlich der Arzt.

Periphere Durchblutungsstörungen

Gemeint sind Durchblutungsstörungen an den Beinen, den Armen, den Körperspitzen (Finger, Zehen, Nase Ohren) und auch der Haut.

Tabacum
(Tabak, die Blätter der Sorte Havanna)

Hauptanwendungsgebiete:
„Schaufensterkrankheit", Kribbeln an Armen, Beinen, Fingern und Zehen. Anfallartige Schwächezustände mit Kreislaufkollaps, Blässe, Schweißausbruch, sich dabei elend fühlen. Reisekrankheit. Gegen die Nachwehen von Tabakgenuß, besonders auch bei „Passivrauchern".
Die üblichen Potenzen:
Tabacum D4–D6 bei chronischem Geschehen, Tabacum D12–D30 bei akuter Übelkeit (mehrmals in kurzen Abständen einnehmen). Es gibt alle Zubereitungsformen.

Secale cornutum
(Mutterkorn)

Hauptanwendungsgebiete:
Durchblutungsstörungen an Fingern, Zehen. Bereits bestehende Zeichen der Arterienverkalkung. Ernährungsstörungen an Haaren und Nägeln (infolge unzureichender Nährstoffzufuhr auf dem Blutweg), Durchblutungsbedingte Arm- und Beinschmerzen (Krämpfe).

Die üblichen Potenzen:
Secale cornutum D4–D6–D12. Übliche Zubereitungsform: Tabletten. Die D1 und D2 sind als vergiftungsgefährlich rezeptpflichtig. Es gibt Ärzte, die diese Niederpotenzen bei Arterienverkalkung bevorzugen. Eine solche Behandlung muß dann streng nach Anleitung und unter Kontrolle erfolgen. Secale cornutum ist auch als Injektion sehr gebräuchlich.

Kreosotum
(Buchenholzteerkreosot)

Hauptanwendungsgebiete:
Durchblutungsstörungen mit Tendenz zu Entzündungen, Wundliegen. Juckreiz. Allgemeine Schwäche.
Die üblichen Potenzen:
Kreosotum D4–D6. Es gibt alle Zubereitungsformen.

Durchblutungsstörungen bei Krampfadern

Aesculus
(Roßkastanie)

Hauptanwendungsgebiete:
Wie in der Phytotherapie Krampfadern und Venenstauung, zudem Hämorrhoiden. Als weitere Anwendung werden Kreuzschmerzen angegeben – sie sind bei Patienten mit Krampfadern ein häufiges Begleitsymptom.
Die üblichen Potenzen:
Aesculus Ø–D6 in flüssiger Zubereitung, D2–D4 in fester Zubereitung.

Arnica
(Arnika, der Wurzelstock)

Hauptanwendungsgebiete:
Krampfadern und Venenstauung. Blutergüsse, Verletzungsfolgen. Bei Zerschlagenheitsgefühl und allgemeinen Muskelschmerzen. Des weiteren Arterienverkalkung, Bluthochdruck und Herzbeschwerden.
Die üblichen Potenzen:
Arnica D2–D6. Es gibt alle Zubereitungsformen.

Hamamelis
(Virginische Zaubernuß, Rinde und Zweige)

Hauptanwendungsgebiete:
Venenbeschwerden, Hämorrhoiden. Beginnende Venenstauung, auch Blutstau

im Kopf mit hämmernden Kopfschmerzen. Verstärkte Monatsblutung.
Die üblichen Potenzen:
Hamamelis Ø–D4 in flüssiger Zubereitung, D3 in fester Zubereitung.

Sepia
(Inhalt des Tintenfisches Sepia officinalis)

Hauptanwendungsgebiete:
Venenstau in den Beinen, Krampfadern, Hämorrhoiden. Störungen im Becken-Venen-Bereich besonders bei der Frau im Wechsel. Auch andere Wechselbeschwerden wie Wallungen und Depressionen. Sepia gilt als Mittel der schlanken brünetten Frau mit pigmentreicher Haut ab etwa vierzig.
Die üblichen Potenzen:
Sepia D3–D12 in fester Zubereitung, Sepia D8–D12 in flüssiger Zubereitung.

Carduus marianus
(Mariendistel, der Samen)

Hauptanwendungsgebiete:
Venenstauung im Leberbereich, Speiseröhren-Krampfadern, Hämorrhoiden, Leberschäden, Krampfadern.
Die üblichen Potenzen:
Carduus marianus Ø–D4 in flüssiger Zubereitung, D1–D4 in fester Zubereitung.

Durchblutungsstörungen im Herzbereich

Gemeint sind die verschiedenen Herzbeschwerden bei Durchblutungsstörungen der Herzkranzgefäße.

Crataegus
(Weißdorn, die Scheinfrüchte, Blüten und Blätter)

Hauptanwendungsgebiete:
Ähnlich wie in der Phytotherapie: Mangelhafte Durchblutung des Herzmuskels beim älteren Menschen. Herzklopfen, Herzbeklemmung und Kurzatmigkeit. Des weiteren gegen die Zeichen der allgemeinen Arterienverkalkung, vor allem bei durch mangelhafte Hirndurchblutung verursachter Rast- und Ruhelosigkeit älterer Menschen. In der Erholungsphase nach längeren Krankheiten.
Die üblichen Potenzen:
Crataegus Ø–D6 in der flüssigen Zubereitung, D1–D6 in der festen Zubereitung.

Convallaria
(Maiglöckchen, die ganze, blühende Pflanze)

Hauptanwendungsgebiete:
„Raucherherz", Atemnot und Beklemmungsgefühl , unregelmäßiger Puls. Das Gefühl, als ob das Herz aussetzte. Des weiteren Tagesmüdigkeit bei gleichzeitig schlechtem Schlaf.

Die üblichen Potenzen:
Convallaria D2–D6. Es gibt alle Zubereitungsformen.

Cactus
(Königin der Nacht, die frischen Stengel)

Hauptanwendungsgebiete:
Spannungsgefühl im Brustkorb, Beklemmung, Blutandrang zum Kopf. Typische Herzkranzgefäßbeschwerden mit Ausstrahlung in den linken Arm. Des weiteren Durchblutungsstörungen an den Beinen.
Die üblichen Potenzen:
Cactus Ø–D3 in flüssiger Zubereitung, D2 in fester Zubereitung.

Durchblutungsstörungen im Gehirn

Aurum
(Gold)

Hauptanwendungsgebiete:
Depressionen und Verstimmungszustände bei mangelhafter Gehirndurchblutung durch Gefäßverkalkung. Aurum ist das Mittel für den untersetzten, vollblütigen Typ.
Die üblichen Potenzen:
Aurum D4–D6 in der festen Zubereitungsform. Es gibt noch andere Homöopathika auf Goldbasis – *Aurum colloidale, Aurum jodatum, Aurum chloratum natronatum*. Sie sind teilweise besser löslich, haben aber im Prinzip dasselbe Anwendungsgebiet wie *Aurum (metallicum)*.

Barium carbonicum
(Bariumcarbonat)

Hauptanwendungsgebiete:
Schwindelzustände, Vergeßlichkeit und Schlaflosigkeit bei der Gehirndurchblutungsschwäche älterer Menschen. Die Wirkung tritt erst nach einigen Wochen der Einnahme ein.
Die üblichen Potenzen:
Barium carbonicum D3–D6 in der festen Zubereitung, ab D8 in der flüssigen Zubereitung.

Plumbum aceticum
(Bleizucker)

Hauptanwendungsgebiete:
Allgemeine Schwäche bei Durchblutungsstörungen. Vergeßlichkeit bei Gehirndurchblutungsstörungen. Des weiteren bei Gefäßverkalkung in den Nieren und in den Beinen.
Die üblichen Potenzen:
Plumbum aceticum D4–D6 in der festen Form.

Conium
(Gefleckter Schierling, das frische, blühende Kraut)

Hauptanwendungsgebiete:
Altersschwäche, Altersschwindel, Vergeßlichkeit bei Gehirndurchblutungsschwäche. Des weiteren gegen den Krampfhusten älterer Menschen.
Die üblichen Potenzen:
Conium D4–D6 in flüssiger und fester Form. Die tieferen Potenzen sind giftig.

Bluthochdruck

Viscum album
(Mistel, die verholzten Teile)

Hauptanwendungsgebiete:
Bluthochdruck mit und ohne Gefäßverkalkung. Kopfdruck mit Schwindelanfällen. Unruhiger Schlaf. Des weiteren bei Herzbeschwerden und asthmaähnlichem Krampfhusten.
Die üblichen Potenzen:
Viscum album Ø–D2 in der flüssigen Herstellung, ab D1 in der festen Herstellung.

Glonoium
(Nitroglycerin)

Hauptanwendungsgebiete:
Bluthochdruck, durch Alkohol verstärkt. Herzbeschwerden. Des weiteren bei Schwindelzuständen und Sonnenstich.
Die üblichen Potenzen:
Glonoium D4–D6–D12 in der flüssigen Zubereitung.

Gegen Bluthochdruck werden auch die bereits beschriebenen Homöopathika *Crataegus, Arnica, Barium carbonicum* und *Plumbum aceticum* eingesetzt.

Blutniederdruck

China

(Chinarindenbaum, getrocknete Zweigrinde)

Hauptanwendungsgebiete:
Blutniederdruck bei Schwächezuständen und nach längeren Krankheiten. Des weiteren Ohrensausen und Schwarzwerden vor den Augen.
Die üblichen Potenzen:
China D2–D4 in der flüssigen oder festen Zubereitung.

Carbo vegetabilis

(Holzkohle)

Hauptanwendungsgebiete:
Kreislaufschwäche mit Ohnmachtsneigung. Des weiteren Venenstauungen. Bei allgemeinem Darniederliegen der Kräfte.
Die üblichen Potenzen:
Carbo vegetabilis D4–D12 in der festen Zubereitung, ab D8 in der flüssigen Zubereitung. Als Notfallmittel bei Kreislaufkollaps: Carbo vegetabilis D30 als wiederholte Einzelgabe von 5 Kügelchen.

Veratrum album

(weiße Nießwurz, Germer)

Hauptanwendungsgebiete:
Kreislaufschwäche mit Herzklopfen und Atemnot. Blasse Haut, Übelkeit, kalter Schweiß. Des weiteren Angstzustände.
Die üblichen Potenzen:
Veratrum album D3–D6 in der flüssigen oder festen Zubereitung. Die tieferen Potenzen sind giftig.

Gegen Blutniederdruck werden auch die bereits beschriebenen Homöopathika *Tabacum* und *Crataegus* (ausgleichende Wirkung) eingesetzt.

Einreibungen und Salben

✉ Die frischen Triebe der Tannen und die Blüten der roten Kastanie mit Alkohol ansetzen. In der Sonne stehen lassen, alle 3 Tage umdrehen. Nach ca. 4–6 Wochen habe ich eine Einreibung für Durchblutungsstörungen, die bisher gut geholfen hat. *(H. Scholz, München)*

✉ Arnikablüten zerkleinern, mit einer Flasche Franzbranntwein ansetzen, ca. 14 Tage ziehen lassen und Einreibungen vornehmen (Oberkörper). Ca. 30 Stück Kastanien zerkleinern, auf 2 Flaschen verteilen, einfüllen und mit einer Flasche Spiritus ansetzen. 6–8 Wochen stehen lassen. Damit reibt man die Beine von oben bis unten ein. Wirkt überraschend gut. *(Babette Meyer, Nürnberg)*

✉ Mehrmals täglich, besonders morgens und abends, mit unverdünntem, reinem Apfelessig die Beine einreiben. Neben dieser äußerlichen Behandlung der Venen zweimal täglich ein Glas Wasser mit zwei Teelöffel Apfelessig trinken. Sie werden bald Besserung verspüren!
(Herta Zeger, Wien)

Solche Hausrezepte für die äußerliche Anwendung sind durchaus brauchbar. Bei den Arnikablüten muß man vorsichtig sein, denn kleine Teilchen der Blüte können Verbrennungen auf der Haut bewirken. Deshalb gut abseihen! Reinen Apfelessig kann man äußerlich verwenden; Vorsicht aber mit Essigessenzen. Sie wirken stark ätzend! Die innerliche Anwendung von Apfelessig ist das Grundrezept von Dr. Jarvis, nach der Vermonter Volksmedizin. Er mischt noch etwas Honig dazu.

✉ Heute nehme ich fast täglich zum Schlafengehen ein Glas Mineralwasser mit Fruchtsaft vermischt, mit 3–5 Tropfen Obstessig, auf leeren Magen. Mein Krankheitszustand wurde immer besser (Krämpfe in den Armen und Füßen, Schwindel).
(Michael Rieger, Großbreitenbrunn)

Für die äußerliche Anwendung – die bei Durchblutungsstörungen eine gute Ergänzung zur innerlichen Anwendung darstellt – eignen sich einige Mittel besonders gut: Arnika, Roßkastanie, Beinwellwurzel und Hamamelis. Es gibt sie in zahlreichen Fertigmischungen, Lotionen, Salben usw., die Extrakte daraus kann man sich natürlich auch selbst herstellen. Die Homöopathie kennt ebenfalls sogenannte *Extern-Tinkturen*:

- *Arnica extern* bei Venenstauungen,
- *Symphytum extern* bei leichten Venenentzündungen (Beinwell),
- *Ruta extern* bei allgemeiner Gefäßschwäche (Weinraute),
- *Ledum extern* bei Frostbeulen (Sumpfporst).

Diese Tinkturen werden 1:5 verdünnt und in Form von Umschlägen oder Einreibungen verwendet. Auch zahlreiche homöopathische Fertigsalben sind im Handel erhältlich.

Nun gibt es viele, die sich ihre Mixtur oder Salbe gerne selbst herstellen. Das ist durchaus verständlich, weil Selbstgebrautes oft besser wirkt, so wie Selbstgekochtes meist besser schmeckt. Hier wie dort allerdings muß man die Grundregeln kennen.

Wesentlich ist bei jeder äußerlichen Anwendung dieser Art, daß man den Wirkstoff direkt an den Ort bringt, an dem er seine Wirkung entfalten soll. Bringt man Wirkstoffe (Heilmittel) in ihrem Originalzustand auf die Haut, dann kommt manchmal mehr Schaden als Nutzen heraus. Ein solches Beispiel ist die Arnikablüte: Wenn man sie so, wie sie ist, in die Haut reibt, entsteht ein Geschwür. Selbst wenn man die richtigen Verdünnungen einhält, kann es geschehen, daß die Haut mit Schwellung, Rötung und Bläschenbildung reagiert:

◆ Wenn die Haut vorgeschädigt ist, und das ist bei schlechter Durchblutung nun einmal der Fall – jeder kennt die „Zigarettenpapierhaut“ bei schlecht durchbluteten Beinen, Füßen, Armen oder Händen.

◆ Wenn eine Allergie gegen Arnika besteht. Sie ist nicht selten und trifft meist hellhäutige, blonde und (besonders) rotblonde Menschen. Diese Allergie beschränkt sich oft nicht auf die Arnika, sondern bezieht auch andere Pflanzen aus der Familie der Korbblütler mit ein – die Ringelblume *(Calendula)*, die Schafgarbe und die Kamille zum Beispiel, Pflanzen also, die nicht selten äußerlich angewendet werden.

Leser mit durch schwache Durchblutung vorgeschädigter Haut müssen hier besonders vorsichtig sein. Bevor man eine Einreibung oder Salbe mit diesen Pflanzen verwendet, sollte man sie austesten – am besten an der Oberarm- oder Oberschenkelaußenseite. Eine auftretende Rötung ist verdächtig; man kann es aber mit einer stärkeren Verdünnung noch einmal versuchen. Wenn Schwellung und Bläschenbildung bei sonst korrekter Zubereitung des Mittels auftreten, dann benutzt man diese Einreibung oder Salbe besser grundsätzlich nicht.

Die Herstellung von Tinkturen zur Einreibung

Zur Herstellung eines Auszugs werden verwendet:

◆ **Absoluter Aethylalkohol** *(Aethanolum absolutum, Spiritus absolutus)*. Er hat 99,4 Volumprozent und ist brennbar. Dämpfe von absolutem Alkohol sind explosiv, deshalb müssen alle Zubereitungen in dicht schließenden Gefäßen und mit Paraffin zusätzlich geschütztem Korken an einem kühlen, feuersicheren Ort aufbewahrt werden. Für den Gebrauch muß man den Auszug mit mindestens 0,4 Liter destilliertem Wasser pro Liter verdünnen. In der Praxis spielt der absolute Alkohol keine Rolle.

◆ **Verdünnter Alkohol** *(Aethanolum dilutum, Spiritus dilutus)*. Er hat 69–71 Volumprozent und brennt nicht. Die Dämpfe aber sind explosiv, weshalb man auch hier bei der Aufbewahrung vorsichtig sein sollte. Der verdünnte Alkohol ist die weitaus am häufigsten für spirituöse Auszüge verwendete Form. „Ansatzbranntwein" ist ein anderer Ausdruck für verdünnten Alkohol. Die **Grundregel**: 1 Teil Heilpflanze und 5 Teile Ansatzbranntwein; entsprechend: 100 Gramm Heilpflanze und 0,5 Liter Ansatzbranntwein.

◆ **Franzbranntwein** *(Spiritus vini Gallici, Einreibungsspiritus)*. Er wird künstlich aus entfuseltem Weingeist hergestellt und mit einer Reihe von Stoffen, wie Drusenöl, Kokosäther, zerstampften Pflaumenkernen usw., aromatisiert. Auch er eignet sich für Auszüge, allerdings besitzt er nur 45 Volumprozent, weswegen die Pflanzen nur unvollständig ausgezogen werden. Das kann bei der Arnika ein Vorteil sein, der eigentliche Zweck aber wird verfehlt. Franzbranntwein für Einreibungen ist nicht trinkbar *(Propylalkohol)*, aber gut hautverträglich.

Der Cognac, ein aus Wein durch Destillation gewonnener Weinbranntwein, wird in Eichenfässern gereift. Manchmal wird er auch als „Franzbranntwein" bezeichnet. Mit seinen 50 bis 60 Volumprozent ist er für gute Auszüge zu schwach (und natürlich zu schade). Gewöhnlicher Weinbrand *(Spiritus e Vino)* wird durch Destillation aus vergorenen Traubenmaischen oder aus Wein hergestellt. Er hat 38 bis maximal 50 Volumprozent und ist für Auszüge ebenfalls nicht gut geeignet.

Für den Hausgebrauch empfiehlt sich also in erster Linie der verdünnte Alkohol = ca. 70volumprozentiger „Ansatzbranntwein". Er zieht die Wirkstoffe am besten aus den Pflanzen. Allerdings kann er für die empfindliche Haut zu konzentriert sein. Dann verdünnt man ihn nach dem Auszugsverfahren mit destilliertem Wasser auf ca. 45 Volumprozent. Pro Liter Ansatz werden 0,3–0,4 Liter destilliertes Wasser beigegeben.

Die Technik eines Ansatzes

100 Gramm Heilpflanze bzw. Heilpflanzengemisch, gut zerkleinert (in Pulverform oder im Kleinschnitt) werden in ca. 0,5 Liter Ansatzbranntwein gegeben. Man nimmt ein dunkles Glas und läßt den Ansatz an einem Ort mit etwa 20 °Celsius stehen. Die Auszugsdauer beträgt 2 Wochen. Tiefere Temperaturen verlängern die Auszugszeit. Bei Temperaturen über 30 °Celsius besteht Explosionsgefahr.

Nach Beendigung des Auszuges durch Filterpapier abfiltern. Die Lösung soll frei von groben Pflanzenteilen sein. Mit destilliertem Wasser auf die besser verträgliche Konzentration verdünnen und in dunkler Flasche aufbewahren. Nicht vergessen, die Flasche mit einem deutlichen Etikett zu versehen, zum Beispiel:

> Weinrautengeist 45%
> Abfülldatum: ...
> *Nur äußerlich!*

Reinen Alkohol könnte man zwar auch trinken, aber manche Pflanzen können bei innerlicher Anwendung giftig sein – so die vielgebrauchte Arnika, die man als Normaltinktur innerlich überhaupt nicht verwenden sollte (nur in homöopathischer Verdünnung).

Eine besondere Mischung ist die Einreibung für Frostbeulen – hier wirkt die Kombination von Blutwurz und Kalmuswurzelstock zu gleichen Teilen. Man erhält die Mischung aber auch in Apotheken als „Frostspiritus“: Blutwurztinktur *(Tinctura Tormentillae)* und Kalmusspiritus *(Spiritus Calami)* zu gleichen Teilen auf 100,0 Milliliter.

Die Herstellung von Salben

Salben decken die Haut gut ab, verhindern die Abdunstung und die Abgabe von Wärme. Vor allem bei trockener Haut, wie sie bei Durchblutungsstörungen häufig vorkommt, sind Salben oft besser als Einreibungen. Man kann beide Anwendungsarten aber auch abwechselnd einsetzen.

Es gibt eine ganze Reihe von Salbengrundlagen – tierische, pflanzliche, mineralische, synthetische und gemischte. In der Volksmedizin hat man meist reines Schweinefett verwendet. Es hat zwar den Nachteil, daß es schnell ranzig wird – wegen seiner guten Streichfähigkeit aber wird es gerne gebraucht.

Dabei wird das Schweinefett erhitzt, mit den stark zerkleinerten Pflanzenteilen kurz gesotten, gerührt und erkalten gelassen. Dann wird neuerlich erhitzt und durch ein reines Leinentuch passiert. Die so erhaltene Salbe wird in gut verschließbare Tiegel gegeben. Das Verhältnis Pflanzen zu Schweinefett beträgt dabei in der Regel 1:10, also z. B. 10 Gramm Weinraute auf 100 Gramm Fett.

Für andere Salbenzubereitungen gelten oft kompliziertere Regeln, denn es ist für die Wirksamkeit ein Unterschied, ob eine Wasser-in-Öl-Emulsion (wie beim Typ der Kühlsalbe) oder eine Öl-in-Wasser-Emulsion vom Typ der Cremen hergestellt wird. Hier nur drei Beispiele gebräuchlicher Salbengrundlagen (siehe Kasten Seite 110).

Nach Fertigstellung der Salbengrundlage kann man verschiedene pulverisierte Pflanzenteile, Extrakte oder Öle mitverarbeiten. Bei aromatischen Salben soll der Gehalt an ätherischen Ölen (Rosmarin, Lavendel, Wacholder usw.) 3 Prozent (und mehr) betragen. Es gibt auch handelsfertige Salbengrundlagen.

Die Kühlsalbe (Unguentum leniens)

Weißes Wachs	8 Teile
Gehärtetes Erdnußöl	20 Teile
Erdnußöl	47 Teile
Destilliertes Wasser	20 Teile
Rizinusöl	5 Teile

Das weiße Wachs und das gehärtete Erdnußöl werden mit dem Erdnußöl auf dem Wasserbad zusammengeschmolzen. Während des Erkaltens mischt man das destillierte Wasser unter Umrühren allmählich hinzu, so daß die Salbe schaumig wird. Zum Schluß kommt das Rizinusöl dazu.

Die Öl-in-Wasser-Emulsion (Unguentum emulsificans aquosum)

Emulgierende Salbe	30 Teile
Destilliertes Wasser	70 Teile
p-Hydroxybenzoesäure-methylester	0,06 Teile
p-Hydroxybenzoesäurepropylester	0,04 Teile

Die emulgierende Salbe wird auf dem Wasserbad geschmolzen, dann fügt man den auf 70 °Celsius erwärmten Methyl- und Propylester der p-Hydroxybenzoesäure zum destillierten Wasser hinzu und rührt bis zum Erkalten.

Wollwachsalkoholsalbe (Unguentum Lanalcoli)

Wollwachsalkohole	6 Teile
Gelbes Vaselin	10 Teile
Hartparaffin	23 Teile
Flüssiges Paraffin	60 Teile

Alle Bestandteile werden auf dem Wasserbad zusammengeschmolzen, die Mischung wird bis zum Erkalten gerührt.

Wasserlösliche Wirkstoffe werden aus der Ölphase einer Salbe schnell an die Haut abgegeben, ölige Wirkstoffe aus der Wasserphase – weil sich Gegensätze nicht binden. Nun mag manchmal die schnelle und manchmal die verzögerte Abgabe vorteilhafter sein. Der Großteil der Leser ist hier sicher überfordert.

Hautfacharzt und Apotheker kennen sich bestens aus und werden, wenn keine der Fertigarzneispezialitäten paßt, die richtige Salbenmixtur für den individuellen Fall finden.

Kneipp-Anwendungen bei Durchblutungsstörungen

Die verschiedenen Kneipp-Anwendungen beeinflussen neben der Hebung der allgemeinen Widerstandskraft das Gefäßsystem am intensivsten. Deshalb ist es kein Zufall, daß sich ein guter Teil der Zuschriften mit diesem Thema beschäftigt.

✉ In erster Linie sind Kaltwasseranwendungen anzubieten. Ebenfalls zu empfehlen sind Trockenbürstungen. Mit dieser Art von Selbstmassage kann man auch die Bindegewebsmassage in Verbindung bringen.

(Michaela Matter, Widdern)

✉ Am besten hilft mir frühmorgens eine Trockenbürstenmassage. Danach ist mein ganzer Körper schön warm und gut durchblutet, und es regt außerdem meinen Kreislauf richtig an.

(Renate Summer, Würzburg)

✉ Jeden Morgen den ganzen Körper trocken bürsten, dann den Oberkörper warm und dann kalt waschen.

(Maria Diewald, Kettenham)

✉ Nach dem Aufstehen den ganzen Körper bürsten, danach heiß und kalt duschen bzw. Wechselduschen, zuletzt kalt. Gut abfrottieren und anschließend raus aus dem Haus. Mit einigen Gymnastikübungen kommt man in Schwung und gut übern Tag. Natürlich darf man das Trinken nicht vergessen, das braucht der Kreislauf. *(Sophie Weber, Neustadt)*

✉ Ich hatte so kalte Füße, daß ich mir im Winter die Zehen erfror. Dann bin ich auf den Gedanken gekommen, und zwar Wassertreten in warmem Wasser in einem Fußkübel so ungefähr zwanzigmal mit beiden Beinen. Das Wasser soll so warm sein, daß man es gut verträgt.

(Maria Obermaier, Schnaitsee)

✉ Mit meinen 17 Jahren hatte ich schon oft kalte Füße und Hände. Als gelernte Kneipp-Bademeisterin wußte ich bald dagegen anzukämpfen. Die Lösung ist der Wechsel-Knieguß. Ich beginne mit warmem Wasser (36–38 °Celsius). Danach folgt kaltes Wasser (max. 21 °Celsius). Das gleiche kann mit den Armen gemacht werden.

(Karin Wiedemann, Altstädten)

✉ Ich leide an kalten Füßen. Am besten hilft mir dagegen ein ansteigendes Fußbad. Ich habe eine spezielle Fußbadewanne. Das Wasser wird elektrisch aufgeheizt. So entfällt das lästige Nachgießen mit heißem Wasser. Bei Durchblutungsstörungen helfen auch Bäder mit dem Absud aus frischen oder getrockneten Brennesseln.

(Heinz Lindemann, Nürnberg)

✉ Wechselgüsse für Durchblutung: Sehr zweckmäßig ist der Arm-, Knie-, Schenkel- und Oberguß. Beim Wechselbad wird im allgemeinen der Guß kalt beendet. Auch hier sollte man eine Ausnahme machen: Bei Durchblutungsstörungen empfiehlt sich häufig der warme Guß als Abschluß. Am wichtigsten sind Wechselgüsse für Patienten, bei denen eine reaktive Erwärmung nicht richtig eintritt. Ein Wechselguß ist also zum Beispiel angezeigt, wenn sich die Haut nach dem kalten Guß nicht rötet.

(Erika Kühl, Neunkirchen-Kohlhof)

⊠ Bei Durchblutungsstörungen vor dem linken kleinen Zeh wegen Hammerzehenoperation kräftig Wechselduschen mit schärfstem Strahl – kalt, nur kurz – und das letzte Mal immer kalt, Socke an und ins Bett, hilft bei mir immer. *Else Steineck, Leichlingen)*

⊠ Mein Rat zu Ihrer Umfrage: Wechselfußbad! *(Klara Laibold, Nützberg)*

⊠ Nach dem heißen Vitamin-C-Tee kommt die kurze, heiße Dusche, dann das kalte Abbrausen, Fußsohlen zuerst, rechts, links, dann festes Rubbeln mit einem nicht weichgespülten Frottierhandtuch. Während des Tages nehme ich manchmal ein Fußbad mit Massage, mit einem elektrischen Gerät, das macht einen Moment müde und dann frisch.

(E. Kuntke, München)

⊠ Ich habe schon lange bei Hitzewallungen oder Echauffierung ein Mittel. Es mag wohl etwas lächerlich vorkommen, aber probieren Sie es selbst aus, es hilft. Man braucht nur das Ohrläppchen mit kaltem Wasser zu benetzen, und es läuft einem ganz wohlig den ganzen Rücken runter. *(Gina Barth, Neubiberg)*

⊠ Bei Kribbeln in den Beinen hilft ein Brennessel-Fußbad. Die frischen Stengel und Blätter werden in einem 5-Liter-Gefäß morgens eingeweicht. Abends wird der Kaltansatz mit den Blättern und Stengeln angewärmt, und die Füße werden, ca. 15 Minuten lang, darin gebadet.

(Christina Reger, Vohenstrauß)

⊠ Ich nehme meine Fußmassagerolle, die mit aufgeworfenen Noppen behaftet ist, außerdem kann heißes Wasser eingefüllt werden.

(Siegrid Schmidt, Presseck)

Das sind sehr brauchbare Rezepte. Auch das mit dem Ohrläppchen kann durchaus erklärt werden: Im Ansatzwinkel des Ohrläppchens befindet sich ein Akupunktur-/Akupressurpunkt gegen „bedrückende Gedanken“. Diese können sehr wohl den Kreislauf nachteilig beeinflussen. Knapp dahinter, noch im gestrichelten Feld der Abbildung, ist der „Ohrpunkt 7a“ lokalisiert. Er wirkt gegen zu zarte Nerven, oder wenn man sich, wie Frau Barth schreibt, echauffiert (auslenkt). Der Begriff „Auslenkung“ als krisenhafte Belastung ist in der modernen Kneipp-Therapie wohlbekannt.

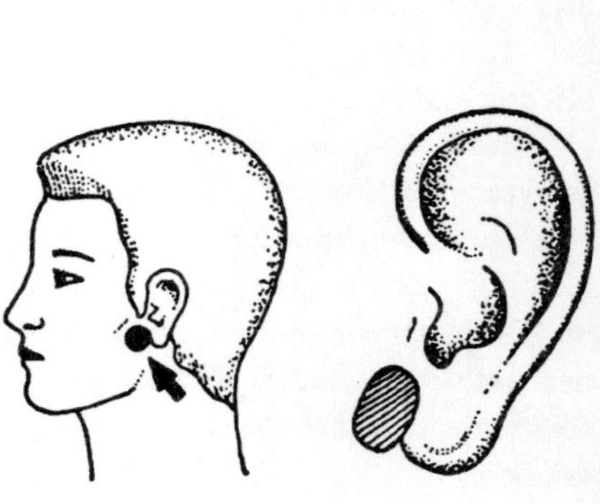

Systematik der Kneipp-Anwendungen gegen Durchblutungsstörungen

Die Kneipp-Anwendungen sind sowohl bei der Vorbeugung als auch bei der Behandlung von Durchblutungsstörungen ein einfaches und zugleich sehr wirksames Mittel. Bei der Vorbeugung genügen schon einige Anwendungen, um das Gefäßsystem in einem bestmöglichen Zustand zu halten:

- die **Ganzwaschung**,
- die **Trockenbürstung**,
- der **Knieguß**,
- der **Armguß** und
- das **Wassertreten**.

Dies sind alles Kaltanwendungen, wobei man die Trockenbürstung am sinnvollsten im Zusammenhang mit der Ganzwaschung durchführt. Mehr braucht man, als noch Gesunder, für die Vorsorge nicht – eine hinreichend gesunde Lebensweise natürlich vorausgesetzt. Damit sind besonders genug Bewegung und eine vernünftige Ernährung sowie das Vermeiden von Gefäßgiften wie Nikotin gemeint.

⌘ Die **Wirkung** der vorsorglichen Kneipp-Anwendungen ist zweifacher Natur:

- Durch Hebung der allgemeinen Widerstandskraft erleidet man weniger Infekte, die das Gefäßsystem schädigen können.
- Durch regelmäßiges Training der Gefäßmuskulatur bei richtig durchgeführten Kaltanwendungen und durch die Fernwirkung der Teilkörpergüsse wird das Durchblutungswechselspiel des ganzen Körpers ständig geübt.

So wird der Organismus zugleich geschützt und gefordert; die ihm angeborenen Regelvorgänge und ausgleichenden Schaltungen werden genutzt. Die bewußt durchgeführte Wasseranwendung ersetzt die lebenserhaltenden Belastungen, denen der Mensch ausgesetzt war, bevor er seine Erfindungen machte, die ihn vor Wind und Wetter allzusehr schützten.

Wichtig ist die Regelmäßigkeit der Anwendungen, die tägliche Herausforderung; und daß man möglichst früh im Lauf des Lebens damit beginnt. Man erspart sich mit Hilfe dieser einfachen Methoden viel an späteren Beschwerden.

⌘ Die **Durchführung** vorsorglicher Kneipp-Anwendungen:

- Morgens: Ganzwaschung und Trockenbürstung.
- Tagsüber bei Gelegenheit: Knieguß, Armguß oder Armbad.
- Abends: Wassertreten.

Die Ganzwaschung

Sie ist eine der einfachsten Kneipp-Anwendungen und trotzdem äußerst wirkungsvoll. Eine wichtige Voraussetzung: Der Körper muß vorher gut durchwärmt sein (Bettwärme), nur dann darf man wirklich kaltes Wasser verwenden. Beim „noch Gesunden" ist die nötige Körperwärme meist ohnehin vorhanden. Wer hier schon Schwierigkeiten hat, wählt die Wassertemperatur so, daß sie als wohltuend empfunden wird. Mit der Zeit wird er abgehärtet und kann zunehmend kälteres Wasser verwenden.

Die Technik

Nach dem morgendlichen Aufstehen richtet man das Bett so, daß es die Wärme hält, denn nach der Ganzwaschung kann man sich noch einmal in das Bett legen, um „nachzudunsten".

Ein rauhes, grobes Handtuch wird in das Wasser getaucht. Mit diesem beginnt man die Waschung, ohne Reiben, ohne Frottieren, sondern in langen Strichen gleitend. Bewährt hat sich folgende Reihenfolge:

- Rechter Arm
- Linker Arm
- Hals
- Brust
- Rumpf
- Beine
- Rücken
- Zuletzt die Fußsohlen.

Das weicht etwas vom Originalrezept Kneipps ab: Er beginnt die „Ganzwaschung am Gesunden" an Brust und Unterleib, dann Rücken, Arme und Beine. Das Wichtigste ist der möglichst gleich-

mäßige Wasserfilm über den ganzen Körper. Gesicht und Kopf bleiben frei. Die Waschung soll in längstens zwei Minuten vollzogen sein. „Jede Waschung, die darüber währt, kann von Übel sein", schreibt Kneipp. Nun legt man sich in das noch warme Bett, um den Ganzkörperdunst zu nutzen. Man muß gut zugedeckt sein, bis auf Gesicht und Kopf. Dieser Dunst hat beachtliche Wirkungen auf unser vegetatives Nervensystem und erleichtert besonders morgenmüden Menschen den Einstieg in den Tag. Dauer der Dunsteinwirkung: Etwa 15 Minuten.

Anschließend wird die Trockenbürstung durchgeführt, und erst dann die normale Morgentoilette. Man kann die Trockenbürstung auch direkt an die Ganzwaschung anschließen.

Die Trockenbürstung

Dazu verwendet man eine Badebürste mit Naturborsten. Die Borstenstärke richtet sich nach der Empfindlichkeit der Haut.

Wichtig: Bei bestehenden Krampfadern nicht die Beine bürsten!

Die übliche Reihenfolge:

- Rechtes Bein
- Rechter Arm
- Linkes Bein
- Linker Arm
- Rücken
- Bauch
- Brust
- Zum Abschluß die Flanken.

Man beginnt, indem man mit langen, zügigen Strichen von den Zehen bzw. den Fingern in Richtung Hüfte bzw. Schultern bürstet. Die Striche werden von kürzeren, kreisenden Bewegungen der Gelenke unterbrochen. Der Rücken wird von den Schultern zum Gesäß gebürstet, Bauch und Brust mit kreisrunden Strichen um Nabel und Brustwarzen. Den Abschluß bildet die Bürstung der Flanken von der Hüfte nach oben zu den Achseln.

Die Wirksamkeit der Trockenbürstung beruht auf einer Anregung der Durchblutung mit Erweiterung der an der Körperoberfläche liegenden Blutgefäße. Der Kreislauf wird entlastet und die Herzarbeit rationalisiert.

Die Bürsten sollen gut gepflegt und entkeimt sein – es gibt die Möglichkeit der Übertragung von Infekten, meist in Form von Haarbalgentzündungen. Zum Entkeimen verwendet man ein flüssiges Spezialmittel.

Das ist in Anstalten, wo Bürstungen durchgeführt werden, vorgeschrieben. Innerhalb der Familie sollte jeder seine eigene Bürste besitzen.

Die Güsse

Kneipp hat eine ganze Reihe von Güssen entwickelt, die kalt, temperiert, wechselwarm und heiß ausgeführt werden.

- **Kalt:** 10–12 °Celsius.
- **Temperiert:** 18–20 °Celsius.
- **Wechselwarm:** Kalt 15 °Celsius, warm 38 °Celsius.
- **Heiß:** 40–42 °Celsius.

Es ist heute nicht schwierig, heißes Wasser zu erhalten. Mit dem kalten Wasser gibt es eher Probleme. Tatsächlich müssen wir damit leben, daß aus den meisten Wasserleitungen eher temperiertes als kaltes Wasser rinnt. Je kälter, desto schneller muß ein Guß ausgeführt werden. Kneipp arbeitete anfangs mit geschmolzenem Schneewasser. Da mußte der Guß in wenigen Sekunden beendet sein. Bei kaltem Wasser dauert ein Guß 40–60 Sekunden, bei temperiertem Wasser etwas länger, da hier der Kältereiz zur Auslösung der Gefäßverengung geringer ist.

Diese gewollte, aber kurzdauernde Gefäßverengung ist ein wichtiges Ziel jedes Gusses. Ihr folgt die aktive Erweiterung – ein von den Gefäßen selbst gesteuerter Regelvorgang. Auf diesem Wechselspiel basiert das Durchblutungstraining. Der kalte Reiz darf deshalb nur kurzfristig einwirken, um dem Blutgefäß nicht die Gelegenheit zur aktiven Erweiterung zu nehmen.

Darüber hinaus aber hat jeder Guß seine besonderen Fernwirkungen: Der Knieguß auf Bauch- und Beckenorgane, der Armguß auf Brustorgane und Kopf. Auch gegenseitig beeinflussen sich die Stellen. So konnte man nach dem Armguß eine positive Durchblutungsänderung an den Füßen feststellen, nach dem Knieguß an den Händen.

⌘ Zur **Technik** der Güsse: Für einen Guß benötigt man einen Schlauch, der an die Wasserleitung angeschlossen werden kann. Der Schlauch soll mindestens zwei Meter lang sein und eine Öffnung von zirka zwei Zentimetern haben. Vor jedem kalten Guß sollte die nötige Körperwärme vorhanden sein. Sonst muß man durch Vorgießen mit warmem Wasser oder mit warmen Kompressen den Körperteil, an dem man den kalten Guß anbringen will, anwärmen. Das aber ist genaugenommen bereits ein Wechselguß. Beim Guß soll das Wasser aus dem Schlauch nur herausquellen.

Der Knieguß

Man beginnt an der kleinen Zehe des rechten Fußes. Von dort zieht man den Guß über Außenrist, Ferse und Außenseite der Wade bis zur Kniekehle, wo

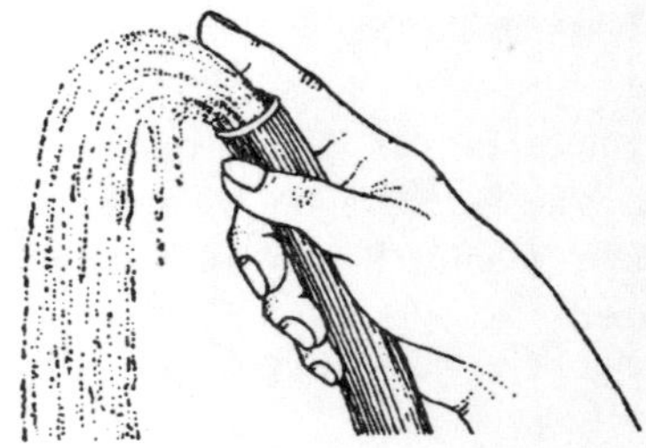

man etwa fünf Sekunden verweilt. Dann führt man den Schlauch an die Fußinnenseite nach unten. Dasselbe spiegelbildlich am linken Bein.

Nun kommen die Vorderseiten an die Reihe. Zuerst wieder am rechten Bein, von der Fersenaußenseite über das Wadenbein zum Knie. Dort zieht man mit dem Strahl eine Schlinge um die Kniescheibe – Dauer etwa fünf Sekunden – und führt den Schlauch über das Schienbein zur großen Zehe hinunter. Dasselbe spiegelbildlich am linken Bein.

Insgesamt sind es vier Einzelgüsse, von denen keiner länger als 15 Sekunden dauert. Die **Hauptwirkung des Kniegusses** beschreibt Kneipp selbst am besten: „Bei einem hohen Herrn bildete

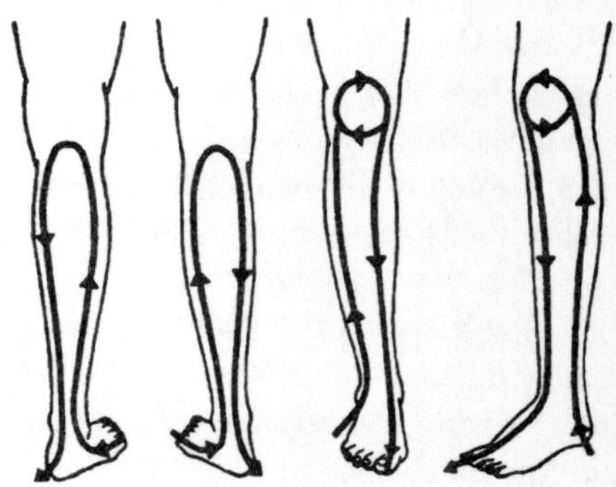

sich anstatt der Nägel an den Zehen nur mehr eine weiche Masse. Die Kniegüsse reichten hin, das Blut also zu treiben, daß es auch den Nägeln wieder gab, was ihnen gehört. Sie wurden fest wie früher."

Der Armguß

Für den Armguß nimmt man entweder den Schlauch wie beim Knieguß, oder man zieht den Arm unter dem Wasserstrahl einer Wasserleitung entsprechend kunstgerecht durch. Mit etwas Übung gelingt das sehr gut.

Die Strahlführung ist einfach: Vom kleinen Finger über die Außenkante des Armes zur Schulter, um diese herum an die Innenkante des Armes und zurück zum Daumen. Erst der rechte Arm, dann der linke.

Im zweiten Arbeitsgang werden die Arme umgedreht und nun die Innenseiten begossen. Vom kleinen Finger bis zur Schulter und wieder zurück zum Daumen. Erst der rechte Arm, dann der linke. An der Schulter verweilt man jeweils einige Sekunden, damit sich von dort ein Wassermantel um den ganzen Arm bilden kann. Aber auch „das Eintauchen der Arme allein tut gute Dienste all denen, die an Frostbeulen und kalten Händen zu leiden haben", schreibt Kneipp.

Das kalte Armbad

Man benötigt ein Schaff oder eine eigene Armbadewanne mit 10–15 Liter Inhalt. Die Oberarme sollen bis zur Hälfte eingetaucht sein. Die Dauer des Eintauchens hängt von der Wassertemperatur ab: bei wirklich kaltem Wasser, wie man es in den Trögen findet, die von Naturquellen gespeist werden, nicht länger als 6 Sekunden. Bei temperiertem Wasser ca. 15 Sekunden. Dann nimmt man die Arme heraus und legt eine Pause von einer halben Minute ein. In dieser Pause laufen die reaktiven Vorgänge ab, am Arm selbst und im ganzen Körper. Dann wiederholt man das Bad. Wieder Pause, wieder Bad, etwa 3–5mal im Wechsel. Zum Abschluß wäscht man sich als Ergänzung kurz das Gesicht mit dem kalten Wasser.

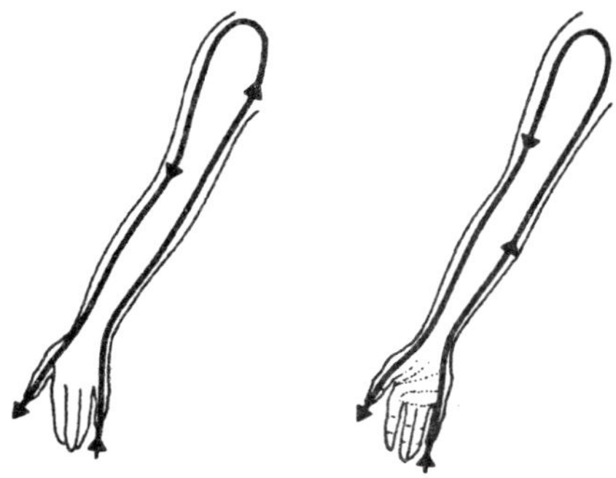

Das Wassertreten

Das Wassertreten ist die ideale Abendanwendung. Der Körper befindet sich jetzt in der Entwärmungsphase – eine ableitende Kaltanwendung unterstützt ihn dabei. Deshalb ist das „kalte Sitzbad“ für Kneipp eine der wichtigsten undverläßlichsten Einschlafhilfen. Auch das Wassertreten ist hier hilfreich – „das Wassertreten bringt Ruhe und guten Schlaf“, schreibt Kneipp.

Die **Technik** ist einfach: Man läßt in die Badewanne kaltes Wasser bis etwa dreiviertel Wadenhöhe ein und tritt im „Storchengang“ auf der Stelle. Das Bein sollte nach Möglichkeit ganz aus dem Wasser gehoben werden. So wird die Blutzirkulation am besten gefördert, der Venenfluß mit Hilfe der Muskelpumpe verstärkt, und die Hautgefäße werden durch den Kältereiz im Wechselspiel richtig aktiviert.

Um in der Badewanne nicht auszugleiten, ist es empfehlenswert, eine Gummimatte mit Noppen unterzulegen, die zusätzlich auch die Reflexzonen der Fußsohlen anregt.

Die Dauer der Anwendung: 15–60 Sekunden, auch länger. Nach Beendigung des Wassertretens streift man überschüssiges Wasser ab. Danach legt man sich in das am Fußende vorgewärmte Bett.

Bei richtiger Durchführung fühlen sich die Beine gut durchblutet und warm an, während der Kopf angenehm kühl sein soll.

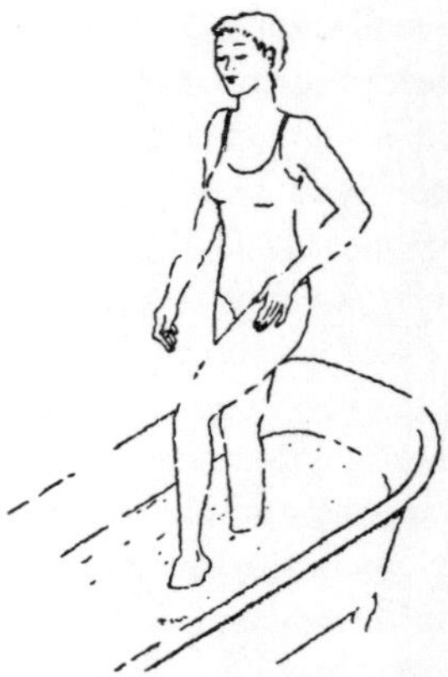

Kneipp-Anwendungen bei bestehenden Durchblutungsstörungen

⌘ Bei bestehenden Durchblutungsstörungen gelten **eigene Regeln** der Wasseranwendung. Grundsätzlich gilt:

- Von ansteigenden Bädern
zu Wechselbädern
zu Wechselgüssen und
- von der gesünderen Seite zur kranken.

Man beginnt also mit der mildesten Behandlung an der gesünderen Seite. Dabei nutzt man die sogenannte *konsensuelle Reaktion*: Ist zum Beispiel die Durchblutung am rechten Bein weniger gestört als am linken, dann führt man zuerst milde ansteigende Fußbäder am gesünderen rechten Bein durch. Über Reflexwege wird auch das stärker erkrankte linke Bein oft beachtlich günstig beeinflußt. Das merkt man, wenn während der Anwendung ein Durchblutungsmangelschmerz an dem Bein, das gar nicht behandelt wird, nachläßt.

Je nach Stadium und Intensität einer Durchblutungsstörung haben Wasseranwendungen ihre Grenzen. Man braucht deshalb in fortgeschrittenen Fällen eine exakte Diagnose und die Beurteilung durch einen erfahrenen Kneipp-Arzt. Die Anfangsbehandlung führt man am besten in einem Kurhaus durch.

Wenn nach vier bis sechs Wochen der erhoffte Erfolg eingetreten ist, kann man zu Hause nach den erhaltenen Anleitungen weiterarbeiten. Immerhin gibt es erfreuliche Resultate auch bei sogenannten Grenzfällen – wenn alles richtig durchgeführt wurde.

Auch die Temperaturunterschiede bei den ansteigenden Bädern und bei den wechselwarmen Behandlungen richten sich nach der Schwere der Erkrankung. Je schwerer, desto geringer.

Es gilt der Satz: **Der kleinste gerade schon wirksame Reiz ist der beste.**

Man hält sich an das persönliche Wohlbefinden während der Anwendung. Auf keinen Fall dürfen verstärkte Beschwerden, etwa vermehrter Ruheschmerz, auftreten. Auch soll man in der Praxis der Anwendungen nicht allzusehr nach einem Schema vorgehen, da die Verträglichkeit in der Praxis der Anwendungen für Temperaturen sich kurzfristig ändern kann.

Das ansteigende Bad

Es ist die mildeste Form und soll, wie erwähnt, erst am gesünderen Arm oder Bein vorgenommen werden. Die normale Temperaturdifferenz: Von 34 °Celsius innerhalb von 12–15 Minuten auf 40 °Celsius ansteigend.

Bei bereits stärkeren Durchblutungsstörungen ist der Spielraum geringer: 35 °Celsius bis 39 °Celsius beispielsweise. Dieser Bereich kann auch etwas nach unten (nie aber über 40 °Celsius) verschoben sein.

Meist wird ein Fußbad oder Handbad in dieser Form durchgeführt. Dazu benötigt man eine Wanne mit Abfluß und entsprechend langem Rohreinsatz. Dieser soll das Ansteigen des Wasserspiegels beim Nachschütten von heißem Wasser verhindern. Für ein Fußbad ist der Rohreinsatz 8–10 Zentimeter lang. Und man braucht ein verläßliches Badethermometer, noch besser ist die von Herrn Lindemann erwähnte spezielle Fußbadewanne, in der das Wasser elektrisch aufgeheizt wird.

Bei bestehenden Krampfadern soll man keine Bäder über Knöchelhöhe durchführen. Sie sind auch sonst bei bestehenden Durchblutungsstörungen der Beine dem Fußbad kaum überlegen.

In gleicher Weise führt man das ansteigende Armbad durch. In Kurhäusern werden bei bestimmten Durchblutungsstörungen der Beine auch ansteigende Sitzbäder durchgeführt. Dazu braucht man allerdings eigene Einrichtungen.

Das Wechselbad

Es stellt, was die Verträglichkeit bei schweren Durchblutungsstörungen anbetrifft, die nächste Stufe nach dem ansteigenden Bad dar. Der Wechsel der Temperatur bewegt sich zwischen 39 °Celsius und 20 °Celsius. Wirklich kaltes Wasser wird also nie verwendet.

Die **Technik**: Man benötigt zwei Badewannen mit Wasser in den angegebenen Temperaturen. In der warmen Wanne beläßt man den Fuß (die Hand) 3 Minuten lang, in der kalten (eigentlich: temperierten) Wanne 15 Sekunden. In der Regel wechselt man zweimal, Beginn mit dem warmen Bad, Abschluß mit dem kalten. Diese Regel ist nicht ohne Ausnahme: Wer das Gefühl hat, es tut ihm besser, nimmt zum Abschluß ein warmes Bad.

Der Wechselguß

Er gilt als dritte Stufe bei bestehenden Durchblutungsstörungen und wird erst angewandt, wenn durch die ersten beiden Stufen das Feld vorbereitet ist.

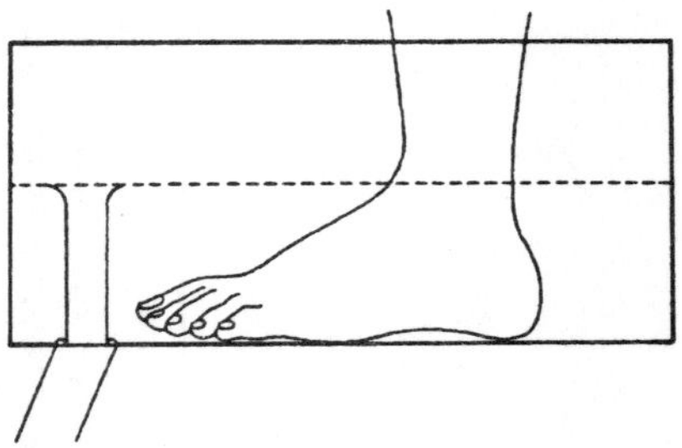

Die Temperaturunterschiede entsprechen dem Wechselbad: 39 °Celsius warm und 20 °Celsius „temperiert“ kalt. Bei größeren Beschwerden mit dem gesünderen Arm oder Bein beginnen. Die kranke Seite soll auf diese Weise „konsensuell“ vorbereitet werden, was Tage bis Wochen dauern kann: Erst wenn es die Verträglichkeit erlaubt, führt man den Wechselguß auch an der kranken Seite durch.

⌘ **Dauer der warmen Anwendung:** 1 Minute. **Dauer der kalten Anwendung:** Maximal 30 Sekunden, alles pro Extremität (Bein oder Arm). Auch hier wird nicht häufiger als 2mal gewechselt, mit stets der warmen Anwendung am Beginn und (meist) der kalten Anwendung am Ende.

Gewöhnlich werden der Knieguß und der Armguß verwendet. Bei den Durchblutungsstörungen an den Beinen kommen auch der *Schenkelguß* (vom Fuß bis zum Gesäßmuskel) oder der *Unterguß* (vom Fuß bis über die Beckenschaufel) zur Anwendung.